住まいが都市をつくる

モダニズム建築のアナザー・ストーリー

小沢 明

左右社

目次

はじめに

本書は、三十五年以上前の貴重な体験を、時の過ぎるまま忘れ去るのはいかにも残念なことと思い、年月を経たいまあらためて書き起こしたものである。

それは、一九八五年に催されたＰＡＮ13・日仏共同設計競技の結果、フランス政府に招かれ、パリに滞在したときのことである。同じ都市に二か月近く逗留したのは初めてのことであったが、あっという間に時が過ぎたのをいまでもよく憶えている。

滞在の目的は、当時パリ市が進めるソシアル・ハウジングを視察することであった。フランスの大統領選で何回も惜敗を喫していたミッテラン[1]が、一九八〇年代にはじめて大統領の座を獲得したことによって、社会主義政権のもと、低・中所得層に質の高いハウジングが、パリ市内とその近郊に供給されているときであった。しかも特筆すべきことに、当時フランスの第一線で活躍する気鋭の建築家たちを、その一連の計画に起用していた。シリアーニ、ポルザンパーク、ボフィル、ビュフィ、グランバックといった面々がそれぞれ話題となるハウジングを手がけていた。

一九八〇年代といえば、世界的にポストモダン建築[2]が話題をまいていたことで知られる。そのようななかフランスでは、パブリック・ハウジングとは呼ばずソシアル・ハウジングというプロジェクトが政府主導で盛んに進められていた。呼称の違いを正確に理解するのに少々時間を要したが、それは単に都市部の住宅不足の解消を目的としたものではなく、質の高い住環境ストックを後世に遺すという考えに立って進められていたのであった。したがって当時すでにパリの住宅供給公社が求める基準では、高齢者居住のための完全なバリアフリーのみならず、省エネルギー化等の多岐にわたる条件を満たすことが求められていた。

限られた時間のなかで、前述の建築家たちと充分に話ができたわけではないが、最後に会った建築家ビュフィと、作品を見たあとゆっくりと話をする機会をもてたのは幸運であった。彼の説明によると、フランス、特にパリには歴史的にみて一つの伝統があり、都市建築として遺された優れたハウジング[3]があるという。例えば一九二〇年代の初めにアール・ヌーヴォーの建築家アンリ・ソヴァージュ[4]の手になるソシアル・ハウジングが、依然として今日まで使われていることを知った。

　コルビュジエがパリの既成市街地に「アーバン・ヴィラ」をつくっているのと同じころ、ソヴァージュは「スタジオ・ハウジング」という名の建物を一九二六年につくっている。彼は当時パリに住む貧しい画家たちが、建物の小屋裏空間を上手く生かして制作にのぞんでいる姿を見て、初めてその空間に興味をもったという。そしてのちに通常のハウジングに設けた吹き抜け空間を巧みに使って中二階をつくった。その試みが好評を博し、ひとつのモデルとして一般化されたという。やがて「スタジオ・ハウジング」にはパトロンを見つけた画家たちが好んで住むようになったとも伝えられている。

　中二階形式のメゾネットについては、コルビュジエも、従弟のアルベール・ジャンヌレと昼食に立ち寄ったパリのカフェで、席に座って何気なく室内を見上げて、中二階のあるコージーな店の造りを見たのをきっかけに、一九二二年のサロン・ドートンヌ展[5]にイムーブル・ヴィラという名のパヴィリオンの模型を出品している。それはのちにパリの現代美術・工業美術博覧会（アールデコ博）のエスプリ・ヌーヴォー館となって博覧会場に建てられ、訪れた多くの人を驚かした。

　このようにアール・ヌーヴォーの影響を色濃くのこしていた前述のソヴァージュにしても、革新性を際立たせていたコルビュジエにしても、さらにまた思想的にはコミュニストともいわれた建築家のアンドレ・リュルサ[6]もアトリエ付住居に着目した時代であったことなどを彼と話し合った。

今日では特別とは思えないことが、二〇世紀はじめのパリにおいては「都市に住む」ための住まいである限り、人々にとっても建築家にとってもモダニズムに向かう一つのモメンタムとして受け止められていたのだろう。

このような話をしたあと、別れ際にビュフィは、パリの一六区のオートイユ地区にある「マレ＝ステヴァンス通り」を見てから日本に帰るようにと助言をしてくれた。また帰路の途中時間があれば、ドイツのダルムシュタットの「アーティスト・コロニー（芸術家たちの村）」に立ち寄るのもよいと付け加えてくれた。いま思うとそれは筆者にとって「都市と住まい」のかかわりあいを考えるうえで、新たな視点を与えてくれたことに他ならない。

あらためてモダニズム建築の歴史を振り返るとき、一九世紀末から二〇世紀はじめにかけてその萌芽期をプレ・モダニズムとすれば、続く躍動期を経てレイト・モダニズムの安定期へと進む。いきなりモダニズムが革命のように現れたものではなく、黎明期というべきプレ・モダニズム（モダニズム前期）を視野に入れることがモダニズム建築の再考を試みるうえで重要であると思えるようになった。

今回本書では、まずプレ・モダニズムのヴィラについては、シャルル＝エドゥアール・ジャンヌレ（ル・コルビュジエの本名）の生地であるスイスの小都市ラ・ショー＝ド＝フォンに遺した二つのヴィラ・ファレとヴィラ・シュウォブを取り上げている。前者はモダニズムに向かう胚芽を宿すものであり、後者はすでにアーバン・ヴィラとしての萌芽を感じさせる。

　ところでヴィラとは、遡れば古代ローマに起源を求めることができる富裕層のための田舎の郊外住宅、カントリー・ハウス（カントリー・ヴィラ）である。ルネサンス以降、数多く建てられたヴィラと異なり、本書でいうアーバン・ヴィラとは近代以降、都市のなかにあって、集合住宅とは異なる住まい方を求めて建てられたヴィラを指している。

　続く第二章では、ドイツの小都市ダルムシュタットにいまなお残る「芸術家たちの村」（一八九四）についてふれている。この村に住むことになったアーティストのために、当時のユーゲント・シュティール[7]を代表するウィーン分離派の建築家オルブリッヒ[8]が遺した七つのヴィラがある。それ以前の疑似古典主義様式の建築とは決別し、あらたに「建築と装飾の統合」を求めるものであった。

　芸術家たちの村は、当時のドイツ連邦共和国ヘッセン公国ルートヴィッヒ大公が、芸術（美術・工芸・建築）を通して自国内の地域振興を計ることを目的として立ち上げたプロジェクトであった。大公は、当地をユーゲント・シュティールのメッカにすることを目指して、建築家オルブリッヒにそれぞれのヴィラの設計を託したといわれる。この芸術家たちの村自体が、当地で開かれた博覧会の一番の出し物であり、それぞれのヴィラが、新時代の住まいとしてつくられたといってもよい。今日の言葉でいえば招聘された芸術家たちの自由な創作活動のための「アーティスト・イン・レジデンス」というべきヴィレッジであったのかもしれない。

第三章は、最近、世界文化遺産に登録されたル・コルビュジエのヴィラ・サヴォワについて論じたものである。最初のシャルル＝エドゥアール・ジャンヌレという呼び名は若き日のコルビュジエの本名であることは、すでに述べたとおりであり、いまでは人口に膾炙している。しかしいかにも二人の人物が存在するかのようにとらえたのは、同一の建築家の遺した作品の不連続的な連続性にふれることがあってもよいと考えたからである。コルビュジエに関していえば、なんといっても近代建築の巨匠といわれる存在であり、なかでもとりわけヴィラ・サヴォワは不朽の名作といわれる。実は冒頭に書いたように筆者がパリに滞在した一九八五年は、ヴィラ・サヴォワがフランスの永久保存のモニュメントに指定され、本格的な修復作業が再開された年であった。長らく空き家状態であったヴィラ・サヴォワを特別の許可を得て見ることができたのも何かの縁であったのであろう。修復後の今日では、毎年世界各地から多くの人が途絶えることなく訪ねるメッカのような存在となったことはよく知られている。

パリ近郊に建つヴィラ・サヴォワは、広大な敷地に舞い降りたかのような建物である。オルブリッヒの手がけた芸術家たちの村のように近くに隣のヴィラがあるわけではない。したがって本書で論じる既成市街地に建つアーバン・ヴィラとは、必ずしも一致するものではない。

しかしあり得ないことではあるが、いま仮にあえてヴィラ・サヴォワを一九世紀初頭の典型的な都市邸館の一つ、ロココ・オテルと隣どうしであったとしてみると、空間構成のうえで見事反転の関係にあることがわかる（詳しくは後段の第三章で述べる）。そしてモダニズム建築の逆転・反転の力のすごさがより明確にみえてくる。その意味でもヴィラ・サヴォワは、モダニズム建築による既存の住まい方への反乱としてとらえざるをえない。

第四章では、冒頭に述べたパリ滞在中の筆者にとって一つの発見のようにさえ思えたマレ＝ステヴァンス通りのアーバン・ヴィラについて語っている。

個人の名前がついた通りはパリではよく見かけるが、建築家の名前がついた小さなクルデサック（袋小路）は珍しい。そこに展開された一続きのアーバン・ヴィラが、一九二九年に建築家マレ゠ステヴァンスによってつくられたのを知って、また別の発見をしたかのような気分になったのをよく覚えている。そして「都市に住む」ことに関して、これまでとは少し見方を変える必要があるのではないかと思うきっかけともなった。

パリのオートイユ地区の賑わいから少しばかり身をかわすように、このクルデサックに並ぶ一続きのヴィラには、当代きってのパリを心から愛する芸術家や知識人が住み、一つの知的なアーバン・ヴィレッジ[9]がつくられていたことを知った。同じヴィラと呼ばれるものであっても、田園の広大な敷地に建てられる富裕層のカントリー・ヴィラとは違って、この通りで見たものはあくまでも「都市建築」としてのアーバン・ヴィラという名のモダニズム建築であった。

一口にモダニズム建築といっても、近代にはいって国家の成長発展とともに整備の進められた庁舎、駅舎、病院、劇場のような建物ばかりを指すものではない。人の都市に住むための「すまい」がどのようにその姿を変えたかを辿るとき、見えてくるものの一つをいま仮に「モダニズム建築としてのアーバン・ヴィラ」とした。必ずしもそれは理想化された建築ではなく、人間の知恵が生み出した「都市建築としての住まい」である。その場合、人の享受する都市性とは、住むこととあわせて都市の生む文化や、その多様な情報、それらがつくりだす人間関係など、有形無形の付加価値を含めた全体を指すものだ。したがって今日散見されるような差異化を目的とした高級なマス・ハウジングを都市に供給すればそれでよいというものとは本質的に違うものである。

マレ＝ステヴァンスは一八八六年生まれのコルビュジエより一歳半ばかり年上であったが、常に彼を敬愛していた。同時代のモダニストのなかではその先鋭さをあらわにすることなく、むしろマレ＝ステヴァンス個人にただよう穏やかさがクライアントとの親和性を高め、仕事を進めることができたのであろう。実際彼の人物写真を見てわかるように、ノーブルな貴公子の雰囲気が伝わってくる。次の章で登場する建築家・槇文彦と奇しくもそのイメージが重なると感じるのは、筆者だけであろうか。

一九八五年に当地を訪れたときは、人をほとんど見かけることもなく、クルデサックの小径だけが静まりかえっていたのをおぼえているが、最近友人が当地を訪ねて撮ってきた写真をみると、同じ場所にあったと記憶する杉らしき針葉樹が、大きく枝を張って道にかぶさる風景や、クルデサックの一番奥の袋地にあった管理人の住まいが小奇麗なプティ・ヴィラに変わっているのを知って、年月の過ぎたことを実感した。並んでいた一連のヴィラも一部は建て替えられたものもあるらしく詳細を知る由もないが、友人の写真で見る限りステヴァンスの住居と彼の事務所からなる建物はその後の増改築があったにもかかわらず特別の違和感がない。ステヴァンスの建築の本質は今日もなお失われていない。

本書の最終章は、東京の「代官山のヒルサイドテラス」について語ったものである。この地に展開された一連の住商のコンプレックスとその界隈は、もはや建築家のみならず知る人は知る都市のなかの都市、一つのアーバン・ヴィレッジといってよいだろう。

代官山ヒルサイドテラスのスタートは、一九六七年に遡る。A棟から始まってH棟まででアネックスを含め十棟が三十年を要して完成した。人をして「スロー・アーキテクチャー」といわしめたが、それがヒルサイドテラス全体を価値あるものにした。住宅地の適正な高さ制限のなかでつくられた住居と店舗からなる建物が、一つの都市建築として成立している。

「都市に住む」そして「都市をつくる」ことがこの一連のプロジェクトによって明確に示されたといってもよい。厳密にいえば、この一続きの複合体がこれまで知ることのなかった新たな「都市の住まい」として登場したともいえる。人々のかかわる地上階は透明感にあふれ、一方上階の住居部分は不必要な露出がない。そして段階を経てつくられる棟ごとに、間に生まれるセミ・パブリック・スペースが、互いの棟を巧みにつないでゆく。一方的な建築の支配を感じさせない。それは決して単純に残されたオープンスペースではなく、また人を排除するものでもなく親しみやすさを感じさせる。この巧みな空間操作の背景には、いみじくもアーバン・デザインという「人」と「建築」と「都市」をつなぐ高度なデザイン操作が隠されている。そして新たな「都市建築」の登場とそれらがつくりだす界隈性は、これまでにない新たなアーバン・ヴィレッジとみなしうる。

これは建築家・槇文彦がつねづね語っている、モダニズム建築に求められてきたアーバン・デザインの真髄である。

本書には全体をつなぐ三つのキーワードなるものがあることをあらかじめ語っておきたい。本書では、時間軸にしておよそ一世紀というタイムスパンにみるモダニズム建築を一括りにするのではなく、いわゆる歴史の「不連続的連続性」に着目し、予兆としての前期にはじまり、次に革新をめざす躍動期、そして収束すべき安定期という三つのフェイズとしてとらえている。歴史は、連続的な一連の流れとして捉えることもできれば、断片的な出来事の不連続的な発生と見做すこともできる。ここでいう「不連続的連続性」への着目とは、ともすると見逃しがちな、萌芽としてやがて開花する可能性を持つプレ・モダニズムに目をやり、きちんと歴史の流れに位置付けることである。

そして「人」、「建築」、「都市」という三つの観点から「都市に住む」・「都市をつくる」そして「都市建築としての住まい」とは何かを主題とする。その論点から、「アーバン・ヴィラ（Urban Villa）」なるものをひとつのキーワードとしている。

現代の都市社会においては、周縁から中心に向かって居住密度を上げ、「住まい」の形態を独立住宅居住から共同住宅居住へそのタイポロジーを変えることに疑問をもたない。どちらのタイプにしても空間価値の違いによる居住形態の違いが認められる。しかし都市に住む以上、その付加価値としての「都市性」をいかに享受するかにおいて、住まいがどのように都市をつくりうるかという視点が必要である。その観点から「アーバン・ヴィレッジ（Urban Village）」という概念を、もう一つのキーワードとしている。

さらにもう一つ加えるとしたら、「証跡の風景」という言葉である。「証跡」とは、ある出来事が起きたという事実をしるす何らかの痕跡のことをいう。人間の営為の結果生み出されたものはすべて「証跡の風景」となって遺されているはずである。現実に見る都市はことごとく「人と時と記憶」の刻まれた証跡の風景といえる。

以上三点を本書のキーワードとして使っている。

ジャンヌレの生地ラ・ショー=ド=フォンに遺る二つのヴィラ
ファレ邸（Villa Fallet, 1905, 上）とシュウォブ邸（Villa Schwob, 1916）

第1章

シャルル＝エドゥアール・ジャンヌレの遺した二つのヴィラと二枚のスケッチ

はじめに

「近代建築の父」といわれたル・コルビュジエは、一九六五年の夏、南フランスのカプ・マルタンで海水浴中に発作をおこして七十八歳の生涯を閉じた。コルビュジエは、一九五二年に妻イヴォンヌの誕生日プレゼントとして、カバノン（休暇小屋）をこの地中海沿岸に建てた。その後イヴォンヌが亡くなった後も、この小さなコテージで一人静かに夏を過ごすことが多かった。突然の死は、彼を知る多くの人たちを驚かせ、「巨星墜つ」の言葉とともに世界中から数知れない惜別の言葉が寄せられた。

筆者がこの訃報に接したのは、アメリカでの学業を終えて、同じ年の夏、ヨーロッパを北から南へ貧乏旅行しているときであった。マルセイユに向かう途中、「ローマ教皇の幽囚」やフランス民謡の「橋の上で輪になって踊ろう」で知られた古都アヴィニオンに立ち寄ったときのことである。静かな夏の昼下がり、街のカフェでコークを呑んでいると、となりの席で新聞を広げて寛いでいた一人の老人に話しかけられた。こちらも地図を広げて探している建物の場所を尋ねたことから、筆者が建築を訪ね歩く若者であることを知ったのか、紙面の記事を指差しながらコルビュジエの死を教えてくれた。考えるといまから半世紀以上も前のことである。

それからだいぶ時を経て、ある一冊のコルビュジエに関するモノグラフ（研究書）を手にする機会があった。それは彼の生誕百年に当たる一九八七年に、ロンドンのヘイワード・ギャラリーで開かれた回顧展にあわせて、アカデミー・エディション社から出版されたものである。英国の二人の優れた研究者によってまとめられたもので、タイトルは、『シャルル＝エドゥアール・ジャンヌレ＝グリの初期作品』。標題どおり、この名が彼の本名であり、今日使われている「ル・コルビュジエ」の名は、一九二〇年に画家オーザンファンと雑誌「エスプリ・ヌーヴォー」を創刊したときに、はじめて使ったペンネームであることはすでによく知られている。

彼の建築家としての生涯の軌跡をたどるうえでは、このジャンヌレの名は、若き日の明確なアイデンティティを記すものとして不可欠なものとなっている。これから触れる一九〇〇年代初頭に遺した彼の処女作ヴィラ・ファレは、ジャンヌレの名で語られることに特別の意味がある。したがって本稿では、一九〇〇年代までを「ジャンヌレ」と呼び、以降を「コルビュジエ」と呼ぶことにしたい。

ジャンヌレは一八八七年、フランスとの国境に近いスイス北西部のジュラ山脈の麓、ラ・ショー＝ド＝フォンという小都市に生まれた。家業を継いで時計の文字盤職人であった父親のエドゥアールと、ピアノ教師であった母親メリーとの間の次男として生まれた。

青年期のジャンヌレに最も大きな影響を与えたものの一つが、この生地ラ・ショー＝ド＝フォンの都市である。この地は、一七世紀半ばから今日まで、スイスの時計産業の中心地として知られており、二〇世紀初頭には世界の時計生産量の九割近くを占めるまでになった。ラ・ショー＝ド＝フ

ル・コルビュジエ（右）とエドゥアール・ジャンヌレ

ォンは、彼の生まれる九十年以上前に起きた大火（一七九四年）によって、一度は街が壊滅したといわれる。そして四十年後にまとめられた都市計画の案によって、特色ある格子状の時計産業の近代都市として復活した。以後今日にいたるまで、その独特な形態を保ち続けてきた由緒ある歴史的な都市でもある。

ラ・ショー＝ド＝フォンは、樅《もみ》の木の自然林に被われた丘陵地を南北にひかえ、その谷筋を東西に延びる都市である。全体が網目状の区画にしたがい、街区が東西軸の長方形であるのが当時の都市計画としては珍しい。一九世紀半ばの啓蒙思想によって生まれ変わったラ・ショー＝ド＝フォンは、二〇〇九年に「時計製造業の都市計画」というタイトルによってユネスコの世界歴史遺産として登録された。それは、大火から見事復活をとげた都市のみならず地勢学的な属地性の強い固有の都市計画という歴史的価値に対してなされたものであろう。再建当時の写真を見ると、ほとんどの建物が囲み型の街区建築ではなく、仕事場（時計工房）と住居の複合された建物がきちんと沿道性を原則として並んでいる。建物は日照環境の重視だけでなく、火災時の延焼を防ぐための離隔をたもち、一方園芸のスペー

現在のラ・ショー＝ド＝フォンの中心部

スや冬期の除雪のためのスペースを確保するなど、近世のギルド・ソシアリズムと、近代の啓蒙主義を反映した職住一体型の都市形態を示している。そして将来の拡張に備えた計画は、「時計産業の帝都」と呼ばれるに相応しいものであった。

　このようにジャンヌレが青春時代を過ごした都市が、本人に刻まれた一つの原風景となって、のちに彼が展開する「都市居住」と「アーバニズム」の関係において何らかの影響を与えたのではなかろうか。

　十代のシャルル＝エドゥアール・ジャンヌレは、地元ラ・ショー＝ド＝フォンの美術学校で彫刻と彫金のデザインを学ぶ学生であった。当時は、はっきりと建築デザインを教える分野があったわけではない。英国から始まったアーツ&クラフツ運動[1]の影響で、世紀末のヨーロッパは美術工芸に関わるアーティストをはじめ多くの建築家が、新古典主義に代表されるアカデミズムと訣別して、それまでにない独自の様式を熱心に模索する時代であった。いわゆるアール・ヌーヴォーと呼ばれる新しい芸術運動が、時を同じくしてヨーロッパ各地で沛然としてわき起こった。

　学生であったジャンヌレのまわりにもドイツで始まったユーゲント・シ

ラ・ショー＝ド＝フォン、一九二〇年頃

ユティールや、オットー・ワーグナー[2]率いるウィーン分離派による芸術運動の波がすでに及んでいた。そして二〇世紀初頭のラ・ショー＝ド＝フォンは、まさにスイスにおけるアール・ヌーヴォーの中心であり、それは「スティル・サパン」の名で呼ばれていた。このような時代背景のなか、故郷のラ・ショー＝ド＝フォンとともに、ジャンヌレの将来に決定的な影響を与えたのは、シャルル・レプラトニエという優れた教育者との出会いであった。

ブタペストとパリで教育を受けたレプラトニエは、はじめは画家として出発したが、工芸を手がけたのち建築の道に進んだ経歴の持ち主である。そして一九世紀最大のデザインの理論家といわれたオーエン・ジョーンズを崇拝し、英国のアーツ＆クラフツ運動に共鳴した人物であったともいわれる。

レプラトニエがラ・ショー＝ド＝フォンに来ることになったのは、スイスのジュラ地方独自の工芸と建築の専門教育を行う学校がつくられることになったからである。背景には、時計産業の中心地として、その近代化と発展のために優れた工芸デザイナーの育成を願う地元の要請に応える教育

一八三四年シャルル＝アンリ・ジュノによる碁盤目状の都市計画

機関の設立と、今日の言葉でいえば「地学連携」の動きが根底にあったのかもしれない。彼は一八九七年に教授として迎えられたのち、すぐにディレクターとしての才能が認められ一九〇三年には三十歳の若さで校長になった。

事実、彼はスイスのアール・ヌーヴォーの運動を推進する中心人物であったことから、教育の現場では、従来の様式にとらわれることなく身のまわりの直接的な環境からデザイン・モチーフを見つけることを学生たちに熱心に説いたといわれる。特に自然界に見るさまざまなもの、樹木、草花、動物、昆虫、岩石などを鉛筆で丹念にスケッチすることによって、形態に内在する幾何学的なオーダーを読み取り、デザイン以前の真性な形（フォルム）を見つける術を習得させた。同時にレプラトニエは、ジョン・ラスキンの「景観論」[3]について語り、オーエン・ジョーンズの『装飾の文法』[4]の図版を模写させた。そして学生たちを徹底したスタディオ中心の方式によって教育し、形態の統合と秩序の発見こそ建築の目指す重要な役割であると考えていた。また一方では、フランク・ロイド・ライト[5]が幼少の頃母親から与えられたとされる「フレーベルの玩具」を、その幾何学の教育に取り入れたという。

レプラトニエは、ヨーロッパの文化の中心はウィーンだと信じており、一人の教育者の野望として、成績の良い学生には、当時ひときわ光彩をはなつ建築家ヨゼフ・ホフマン[6]のもとで修行をつむ機会を与えたいと考えていたようだ。ジャンヌレについていえば、すでに彼の優れた素質に気付き、彼の才能をさらに高めたいという考えをもっていたのかもしれない。しかし後にレプラトニエの特別の計らいで、ウィーンに行くことになりヨゼフ・ホフマンから正式な招聘の機会を与えられたにもかかわらず、ジャンヌレはそれを断ったという話がある。

プイユレルの森に住む

レプラトニエは、ラ・ショー=ド=フォンの自然豊かなプイユレルの森に家を建てて住んでいた。あるとき彼は、地元で懐中時計ケースの装飾を手がける事業家で、また美術学校の熱心な支援者でもあったルイーズ・エドゥアール・ファレという人物から住まいの件で相談を受けた。そのとき彼が、ためらうことなくプイユレルの森に住むことを奨めたことから、ファレはそこに居を構えることになった。そしてレプラトニエはファレのための住まいの設計を引き受けるに際して、自分の主宰する美術学校の教育成果を、世に問うまたとない好機であると考えたのではなかろうか。それを良く示すものは、その住宅の設計を教え子の弱冠十八歳のジャンヌレに任せてみようと考えたことである。とはいっても、全く実務経験のないジャンヌレには、片腕になる人物が必要であり、ジュラ地方で手広く仕事をしていた建築家のルネ・シャプラを助手に選んだ。これは実に賢明な選択であり、最終的にはファレ邸のすべてについてその成功をもたらした。

シャプラという人物は、若い頃チューリッヒの美術学校で学ぶかたわら、建築設計事務所で修行を重ねたのち、ラ・ショー＝ド＝フォンに自分の事務所を開いて実務にたずさわっていた。またレプラトニエが自分の邸宅を建てる際に、設計や工事許可の届け出、工事全体の監理等をシャパラに頼んだことから、すでに二人の間には強い信頼関係が築かれていたという。「コルビュジエ建築」の軌跡を辿るとき、ファレ邸がいかに後のモダニズム建築の胚芽としての重要な意味を持つのかをこれから考えてみたい。

プイユレルの森に点在するヴィラ

ヴァナキュラー・モダンとしてのファレ邸

ジャンヌレが、ラ・ショー=ド=フォンのプイユレルの森に遺した住宅は、全部で五軒ある。そのなかで最初に作られたのが、処女作ファレ邸である。

ファレ邸と呼ばれる住宅建築は、一九〇五年に完成し、すでに百年以上の時が過ぎている。設計者紹介としては、ルネ・シャプラとジャンヌレの二人の名が語られることが多い。レプラトニエの指導のもと建築家ルネ・シャプラの協力があったとはいえ、ジャンヌレにとっては歴とした初の作品であることに違いない。そしていまもなお、プイユレルの森に昔とかわらぬ佇まいを残して建っている。

一九〇五年といえば、世紀末を経て世紀はじめの静かな脈動と、ときめきのようなものが感じられる年代であったのではなかろうか。一世紀以上のときを隔てたいま樹々に囲まれたファレ邸の前に佇み、そっと見上げた

エドゥアール・ジャンヌレの処女作ファレ邸（一九〇五）

としたら、何を感じるであろうか。

その佇まいからは、石造にせよ木造にせよスイスの素朴なファーム・ハウスの「原イメージ」がどこかに潜むのに気付く。また同時に全体の形態からは、高度に洗練されたヨーロッパの「ヴァナキュラー・モダン」とでもいえる微妙なニュアンスを感じとれる。時間的にも空間的にも実に不思議なバランスのなかに存在している。

すでに触れてきたが、アール・ヌーヴォーはヨーロッパを中心に開花し、相互に影響しあって生まれた芸術運動である。このアール・ヌーヴォーの考え方を辿れば、やはり一九世紀末に英国のウイリアム・モリスとジョン・ラスキンによって始まったアーツ&クラフツ運動に帰結する。産業革命後の工業化の進行とともに、創造性の枯渇を憂いた二人が目指したのは、中世ギルドの精神の復活や、自然界のモチーフの研究や、過去の様式にとらわれないフォルムの追求であった。つまりこの時代を支えた精神性は、「原点回帰」と新たな「発見」、そして「創造」の微妙な均衡にある。

アメリカやヨーロッパで一九〇〇年代当時に造られた傑作といわれる住宅建築を思いつくまま挙げてみよう。

若きジャンヌレが描いた山岳部農家の風景のスケッチ

まずフランク・ロイド・ライトがウィスコンシンのラシーンにつくった「トーマス・ハーディ邸」は、ファレ邸と同年の一九〇五年の作品である。そして現在シカゴ大学が所有する「ロビー邸」（一九〇五－〇九）がある。カルフォルニアのパサディナにグリーン兄弟の設計した「ギャンブル・ハウス」（一九〇七－〇八）も思いおこす。ヨゼフ・ホフマンが、ブラッセルにつくった「ストックレー邸」（一九〇五）は有名である。英国のカントリー・ハウスといえばエドウィン・ラッチェンスの[7]「ホーム・ウッド」（一九〇一）も同年代の邸館である。スコットランドの建築家チャールズ・レニー・マッキントッシュの[8]「ヒルハウス」（一九〇四）がある。ウィーン分離派を主導したヨゼフ・マリア・オルブリッヒは、ダルムシュタットの「芸術家たちの村」に自邸（一九〇一）を建てている。最初画家として出発したピーター・ベーレンスは[9]「グスタフ・オベナウワー邸」（一九〇五）を設計している。

ここに挙げた建築家たちは、いうまでもなくジャンヌレより十歳近く年齢も上であり、すでに建築家としての名声をえていた。また彼らのクライアントは、貴族の称号をもつ人であるとか、資産家であるとか、おしなべ

同時代のエドウィン・ラッチェンスの設計による住宅ホーム・ウッド

て社会的地位も高い成功者たちである。スイスの小都市ラ・ショー＝ド＝フォンの地域社会の親密な人間関係のなかで、大切に育まれて生まれた建築とは、事情が違うことはいうまでもない。

ファレ邸の平面と空間構成

ファレ邸は、プイユレルの森のヒルサイドに建っており、街を一望におさめる。その佇まいは、ひと言でいえばヴァナキュラーな温もりのなかに端正さと優しさをもつと同時に次の時代、つまりピークを過ぎたアール・ヌーヴォーを経てモダニズムに向かう、移行期の未知数の魅力を感じる。

ファレ邸の計画・設計・工事に関しては、レプラトニエの監修のもとにシャプラが全体を管理するマスター・ビルダーの役割を果たし、一方ジャンヌレは常に意図したデザインの面においてアイディアを忠実に生かすステージ・マネジャーの立場にあったといわれる。即ち、ファレ邸の最終的な形態と装飾のパターンは、二〇世紀初頭のスイスのアール・ヌーヴォーのピークを映し出し、同時にきたるべき次の時代を予感させる「胚芽《はいが》」的

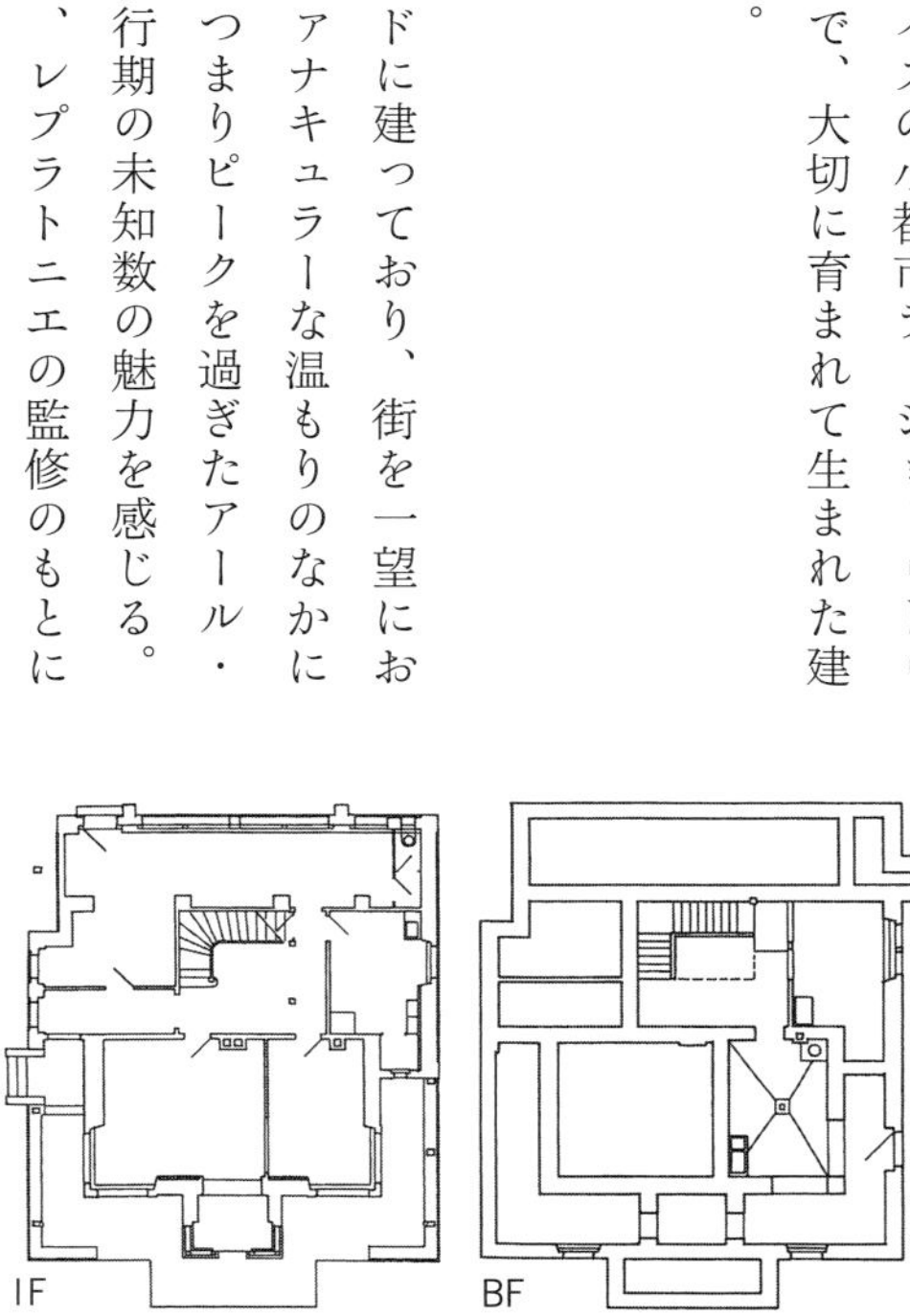

ファレ邸の各階平面図

な存在といえる。近年の写真からも、その佇まいを見る限り一九〇五年竣工という一世紀以上も過ぎた建物には見えない。

ファレ邸は傾斜地の敷地に実にうまく適合した建物である。傾斜地の宅地造成の基本として切り土と盛り土を調整しながら、堅固な基礎をかねる地下部分に、住まいに必要な倉庫、ランドリー・スペースそして機械室等のユティリティ・スペースを設けて建物全体の基底部がつくられている。主たるリヴィング・スペースは二層の上階にまとめられている。入り口のある地上階にサロン、厨房そしてワークショップがあり、中央の階段室の吹き抜けのホールのまわりに寝室がまとめられている。そして、「住まいの聖霊」が宿るともいわれるアティックが小屋裏に設けられている。これは伝統的なジュラ地方の石造農家の基層部が、家畜の厩舎として、また農工具の収納スペースとしてつくられ、その上階に人間が住む構成と同じである。

このように、昼と夜の生活空間の仕分けが垂直的になされているのは、樹々の多い傾斜地の形質の変更を最小限に抑えるための、極めて合理的な判断と考えられる。その一方で、全体として空間構成が実に明解であるの

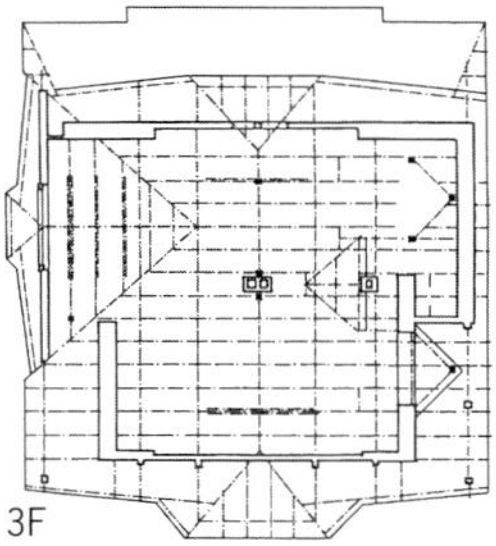
3F

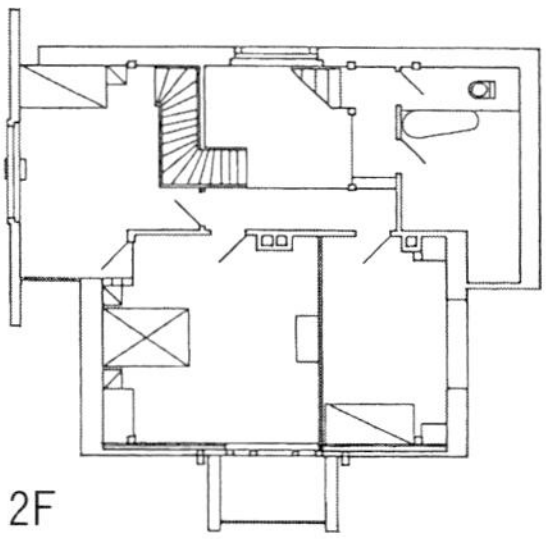
2F

は当時としては珍しく、すでにジャンヌレの才能の一端がみられる。全体を通してその平面構成を見ると、パラディオのヴィラにはじまり連綿として受け継がれてきた古典的な三分割構成や九分割構成ではなく、階段の吹き抜けホールを「光室」というヴォイド・コアとして、全体の空間構成をまとめている。

もう一つファレ邸を際立たせるものは、全体の形態とともに外壁と周辺部位に施された装飾である。即ちジュラ地方のシンボルでもあり、同時にスイス・アール・ヌーヴォーが「スティル・サパン」と呼ばれる所以でもある樅の木（サパン）をモチーフとする幾何学的なパターンが、単なる壁面レリーフとしてではなく、建物を構成する各部位と絶妙に関係しあっていることである。つまり「建築の構成と選択的装飾の一致」であって、これは単なる装飾ではない。建築の一部として同化している。ファレ邸は、決して正面のファサードだけが強調された建物ではない。屋根の形も鋭い切妻屋根に終わるのではなく、その頂部に小さな寄せ棟屋根が付けられている。自然豊かな環境のなかで、向きに応じてそれぞれの表情をもつ森の主のような風格がある。存在感のある建物であっても、周囲との調和に配

ファレ邸の正面壁面に施されたモミの木を象ったスタッコ装飾

慮しているファレ邸は、プイユレルの森に住む周辺の住民からの評判もよかったといわれる。

再びレプラトニエの仲介によるものと思われるが、一九〇八年にジャンヌレはストツァー邸とジャクメ邸の二つの住宅設計をすることになった。そして前回同様にルネ・シャプラの協力を得て設計をした。ストツァー邸の建て主は、ラ・ショー=ド=フォン在住の宝石のデザイナーであった。

全体として二軒とも外観からはそれぞれが単独家族のヴィラのように見えるが、実は共用階段のある何室かに分かれたアパートメント形式のものであった。外観デザインのうえでもアール・ヌーヴォーの面影を残しており、ファレ邸と比べるとどこか寓意性の感ぜられる建物である。いずれも傾斜地に建つ建物であることから森の土地の形質変更を最小限にするという配慮がなされている点でファレ邸と同じであったが、それに勝るものとはいえない。

クライアントから支払われた設計料によって、ジャンヌレは一九〇七年に初めて外国を旅行することになった。これもまた、彼の人生を大きく変える転機になったと伝えられている。彼はウィーンを経てイタリアの地を

ストツァー邸（右）とジャクメ邸（いずれも一九〇八）

訪れ、フローレンスで数々のルネッサンス建築に触れると同時に、トスカーナ地方のエマにあるカルトジオ会修道院を訪れた。このときに目にした修道僧の居住空間のつくられ方が、一九〇六年に美術学校に新設された「専修科」のためにジャンヌレが描いた「連盟芸術家たちのためのアトリエ」に強い影響を与えただけでなく、一九二〇年代に展開されるモダニズムとしてのアーバン・ヴィラを生む原点となったといわれる。これについては後半に触れることにする。

クラシカル・モダンとしての
シュウォブ邸

弱冠十八歳で手がけたファレ邸が、ジャンヌレの処女作であるとすれば、二十九歳のときに完成させたシュウォブ邸（一九一六）はラ・ショー＝ド＝フォンで建てた最後の住宅である。彼はこれを機に地元を去って再びパリに向かうことになったが、それにいたるまでの経緯をたどってみよう。それは「ジャンヌレ」から「ル・コルビュジエ」に変わる、一九二〇年代

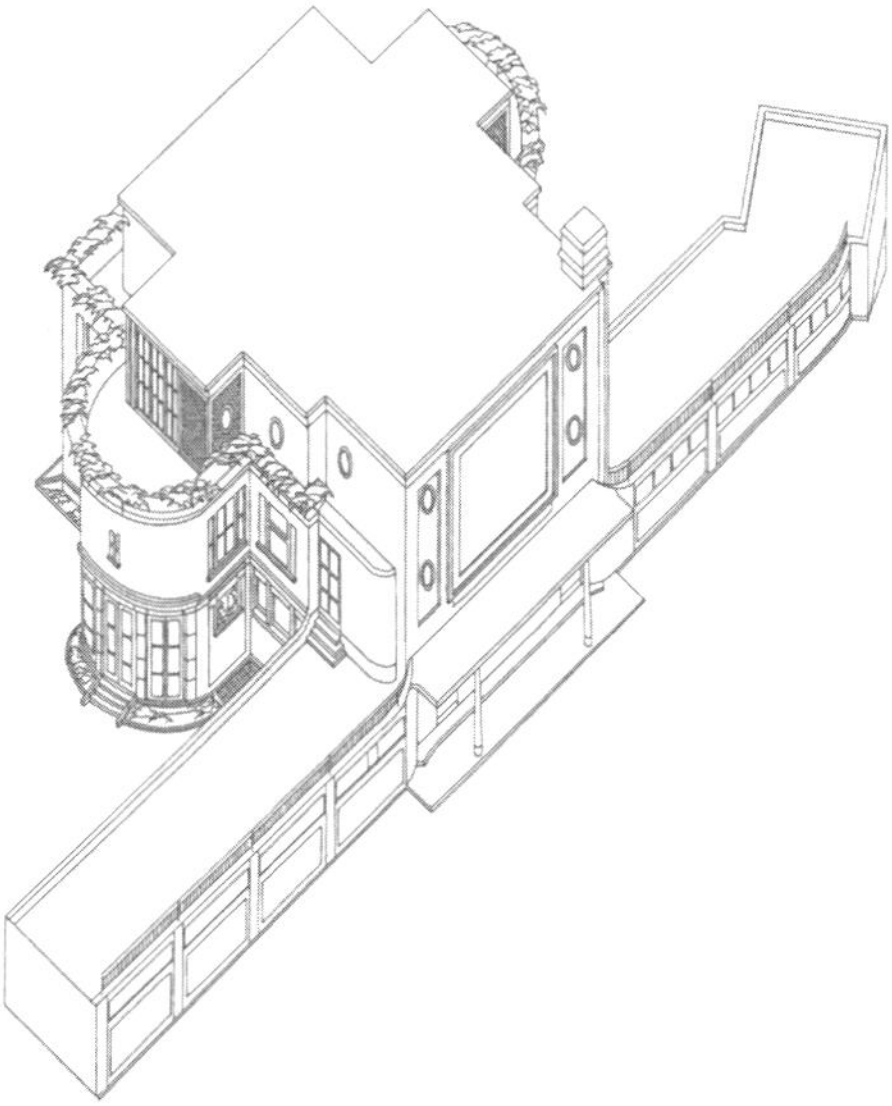

シュウォブ邸の全景（上）とアクソノメトリック図

の本格的なモダニズムへの移行を考えるうえで重要である。

ファレ邸が好評であったことによって、ジャンヌレは、さらに二つのヴィラの仕事をルネ・シャプラと手がけたのち、一九〇八年に師であるレプラトニエの奨めもあって、はじめてパリに出かけた。そこでオーギュスト・ペレ[10]に出会い、ほぼ一年近く彼の事務所で仕事をした。彼のオフィスは、一九〇四年に自ら設計したパリのフランクリン通りにある、初の鉄筋コンクリート造のアパートとしてすでに名声をえていた建物のなかにあった。ペレのもとで過ごした一年近い期間は、コンクリートの新しい技術を学ぶだけでなく、余裕を見てはパリの図書館で建築に限らず文学や哲学書に触れる貴重な時間を過ごすことが多かったという。仕事と知的教養の両面において、徐々にジャンヌレの視野が広がっていった時代でもあり、これまで常に何らかの影響のあったレプラトニエとの関係も変わりつつあった。当時の手紙のやり取りのなかにも、ジャンヌレの二〇世紀へ向けた新たな展望と、それに相応しい建築言語を求める意志が綴られている。ジャンヌレの思考の根底に、知的で調和的な造形へと向かう志向と、動的で非造形的な造形へと向かう志向、つまりアポロン的なものとディオニソス的

オーギュスト・ペレ設計のパリ・フランクリン通りにあるアパート

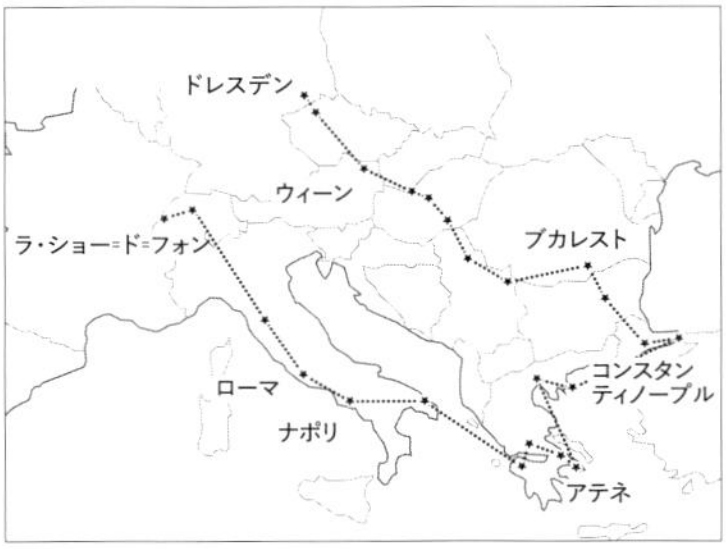

ジャンヌレの東方の旅で辿ったルート図

なものの二元論的な思考形態が芽生えていくときでもあった。

ジャンヌレは、その後の一九一一年に約半年におよぶ「東方の旅」にでかけた。最初に東欧諸国を巡り各地固有のヴァナキュラーな建築にふれたのち、コンスタンティノープルそしてアテネを訪れ、最後にイタリアを経て再び故郷のラ・ショー＝ド＝フォンに戻るという、彼にとって大旅行の貴重な体験であった。二年後の一九一三年に、『東方の旅』と題して正式に旅行記が出されたが、旅先で描いた家屋や集落のスケッチを見ても、はじめて触れたヴァナキュラーな文化に対してきわめて真摯に向き合う姿勢が伝わってくる。と同時に、特にコンスタンティノープルのハギア・ソフィア大聖堂の壮大さと内部空間のダイナミズムに触れて感動し、そののち三週間の滞在に及んだアテネでは、その多くの時間がアクロポリス・パルテノン神殿にあてられたという。何世紀を経て朽ちたとはいえ、凛然と垂直に立ち続ける大理石の列柱を前にして、その物質性を通して感ずる高邁な精神性に圧倒された様子がうかがえる。

その後の一九一六年に、当時懐中時計の製造で有名な、地元のタバン＆シーマ時計社のオーナーであったアナトール・シュウォブのための邸宅を

ジャンヌレのスケッチ「ハギア・ソフィア大聖堂」

設計する機会を得る。やりがいのある仕事であったに違いない。場所はこれまでのプイユレルの森ではなく、ラ・ショー＝ド＝フォンの市街地の一画である。でき上がったものは、一見ビザンティン風建築ともいえるものであり、地元の人たちの目には奇異に映ったのか「トルコ人の家」と呼ばれることになったという。それほどラ・ショー＝ド＝フォンでは見かけることのない珍しいスタイルの邸宅と思えたのであろう。ハギア・ソフィア大聖堂で彼の精神を奮い立たせたその影響力の強さが然らしめたとはいえ、いずれにせよジャンヌレが次のステップに向かううえで大きな転換点となる建築であったことに違いはない。そのことをこれから見ていこう。

都市建築としてのヴィラの誕生

シュウォブ邸は、ジャンヌレが住宅を栄誉ある建物として取り組んだ、はじめてのケースではないだろうか。また二〇世紀初頭に現われた類例のない、ジャンヌレ独自の属人的な「アーバン・ヴィラ」ともいえる。そして同時に次なる「都市建築としてのヴィラ」の誕生につながる胚芽を宿し

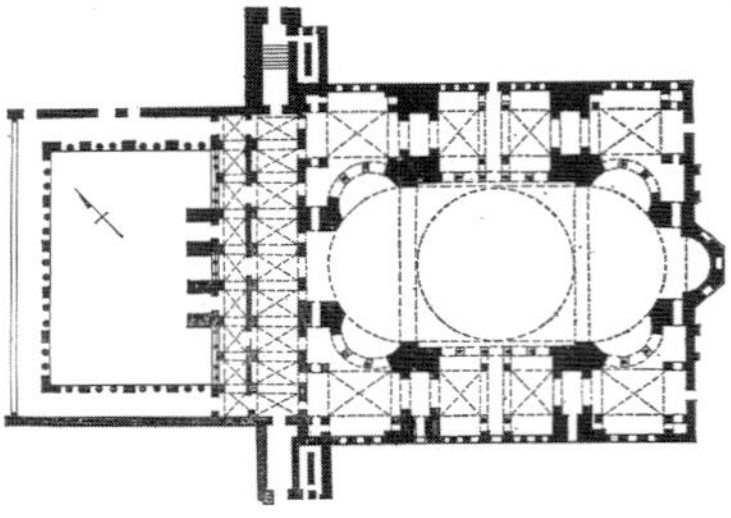

ハギア・ソフィア大聖堂の平面

ていたといってもよい。

ファレ邸を完成させたのち一九〇八年にはじめてパリに赴き、オーギュスト・ペレの事務所で仕事をしたジャンヌレは、そこで鉄筋コンクリートの知識を習得することができたが、その後さらに技術的可能性を究めるためにドイツに赴き、ピーター・ベーレンスの事務所にいたことがある。このときに、ミース・ファン・デル・ローエやドイツ工作連盟[11]の主要なメンバーと出会い、彼にとって国を越えた同時代の建築家に触れるはじめての機会となった。

技術的な知見を広めた結果、シュウォブ邸は、最初から鉄筋コンクリート造の建物として設計された。別の見方をすれば、コンクリート・フレームのもつ空間的な可能性を一つのスタイリスティックな形態のなかに同化しようとした意欲的な試みであったともいえる。そしてそれは、後の一九一四年に発表した「ドミノ・システム」に発展する契機ともなった。

すでに述べたが、ラ・ショー=ド=フォンの歴史的大火の後の都市計画でき上がった市街地は、基本的に東西に長い街区で構成されている。シュウォブ邸の建つ街区もその例外ではない。残された資料から類推すると

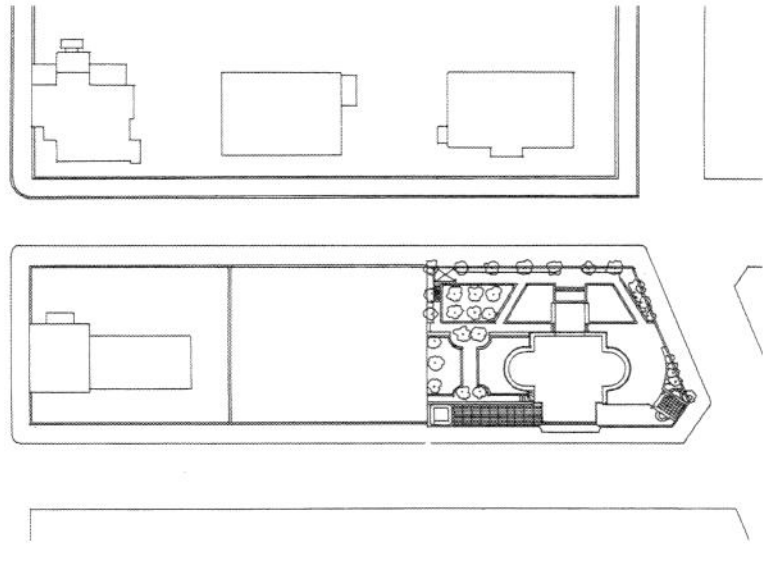

シュウォブ邸配置図

一街区の大きさは、ほぼ三〇～四〇メートル×一二〇メートル前後と推測される。シュウォブ邸の敷地自体は、その街区の約1/3とすれば、換算すると四百坪位である。地元時計メーカーのオーナーが邸宅を構える敷地として、特に大きいわけではないが決して小さくもない。

シュウォブ邸が「トルコ人の家」というエキゾティックな名で呼ばれたのは、佇まいに関係していることは明らかである。街中のほとんどの建物が切妻か寄棟か何らかの傾斜屋根をもつ邸宅であるのに対して、シュウォブ邸は完全な陸屋根《ろくやね》であること、正面からはなかの様子を窺い知れない劇場にでも出会ったような、ミステリアスな大きな四角のブランク・ウォール、エントランスを中心に両手を広げたような低い翼棟が、ある種の謝絶の表意を示しているとも感ぜられる。

見方を変えれば、「都市建築としてのヴィラ」という一つの新しい形式が示されているともいえる。歴史も文化も違う我が国においても、地方都市の由緒ある旧家の住まいが、風格のある門と落ち着いた築地壁で囲まれてなかの様子が外からはわからない風景に出会うことがある。佇まいにもよるが、それを必ずしも不快に思うことはない。むしろ「屋敷」という都

シュウォブ邸の街路側の外観

市建築の一つとして理解するからである。

シュウォブ邸は、エドゥアール・ジャンヌレがプイユレルの森に建てたそれまでのヴィラとは明らかに別物だ。自然林に囲まれた眺望の良いヒルサイドに建つのとは違って、街区というはじめから大きさと形状の決まった市街地に建つ「アーバン・ヴィラ」である。まずシュウォブ邸の配置計画における最大の特徴は、「パヴィリオン型」の建築ではないことだ。「パヴィリオン」という言葉は、庭園や公園の中に建つ「四阿《あずまや》」を指すが、転じて常に人々の視野のなかにある自律性の高い建築という意味である。具体的にいえば、建物を敷地の中央に建て、まわりに空地を残すフリー・スタンディングの単体としての建築を指す。もっとも、ジャンヌレの最初のスケッチを見ると、類似する配置計画のものもあったが、実際にでき上がったものは、建物を北側の都市街路から一切後退（セットバック）させていないない。最初から都市建築として沿道性を意図したヴィラである。その結果、敷地内には東側と西側そして南側に庭園がつくられ、他に曖昧な空地が残されていない。

ラ・ショー=ド=フォン特有の東西に長い、間口奥行き比の小さい街区

シュウォブ邸の庭園側の外観

の特性からいっても、建物の敷地に対する適合の仕方として、建物を街路に寄せて考えることは、それなりの必然性がある。そればかりでなく、一般的にいって居住密度の高い市街地では建物が街路を挟んで正対することによって、街路が風景化し環境化するとすれば、シュウォブ邸の配置計画は単なる特殊解と見てしまうのではなく、一つのアーバン・ヴィラのモデルとして認識すべきものである。そして配置計画の斬新さは、他方で実に巧みにゾーニングされた建物全体の平面計画によって、さらに整合性が保たれていることに気付く。

シュウォブ邸の平面構成

建物のプランに目を移すと、まず双翼対称性の明解な平面計画であることがわかる。しかしそれだけであれば、このプランを読み解いたとはいえない。この建物は、都市との関係において二つの重要な軸がある。一つは、ラ・ショー=ド=フォンの都市街路と一致する東西方向の「都市軸」が内在していることである。そしてそれに直交するもう一方の軸は、街に向か

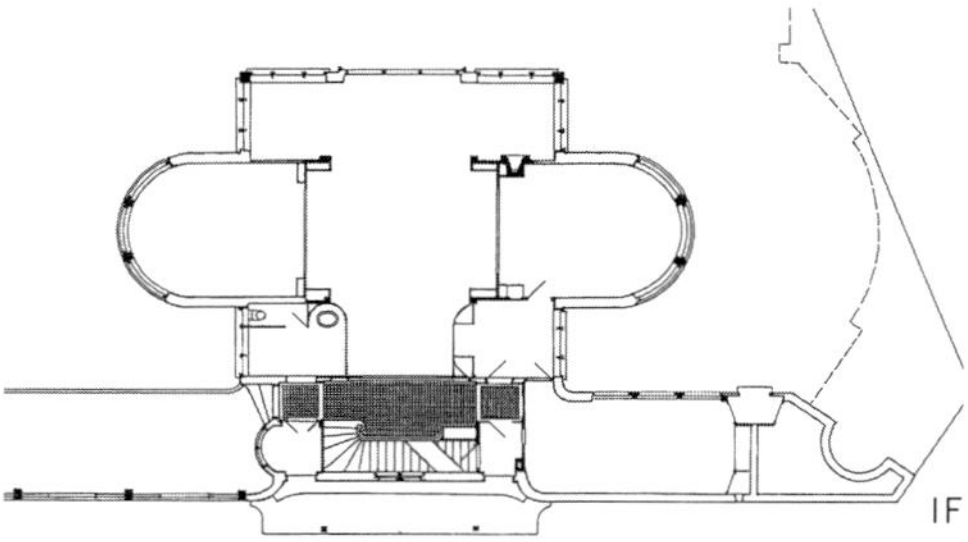

シュウォブ邸の各階平面図

う「眺望軸」と考えられる。シュウォブ邸のある街区自身が、やや街の中心部に向かって傾斜しており、地形にしたがって南側に下がるように造られた壇状の庭園も眺望を意識したものと考えられる。

シュウォブ邸は、地階、地上階、二階、屋階の四層構成である。大きく分けて玄関・階段ホールのある街路沿いのゾーンと、南側の居住部分のブロック・ゾーンの二つからなる。前者には、低く街路沿いに延びた「翼棟」部分があり、東側はパーゴラのある庭園に向けて開けた「外廊」である。西側は厨房を含むユーティリティ・ゾーンと敷地の隅切りを形づくるもう一方のコーナーからなる。シュウォブ邸の顔でもある中央部分と翼棟が、敷地の間口を最大限に活かして領域を明確にしていると同時に、一つのヴィラが完全に街路に正対するこれまでにはなかったアーバン・ファサードを創り出している。これは広い敷地の中央にパヴィリオン型のヴィラを建て庭園を造り、何らかの囲障を巡らして領域を明確にするのとは全く異なる手法である。即ち新しい「都市建築としてのヴィラ」の一つの可能性を示している。

中央の主軸と、それに直交するもう一方の軸とによって、一つの建築の

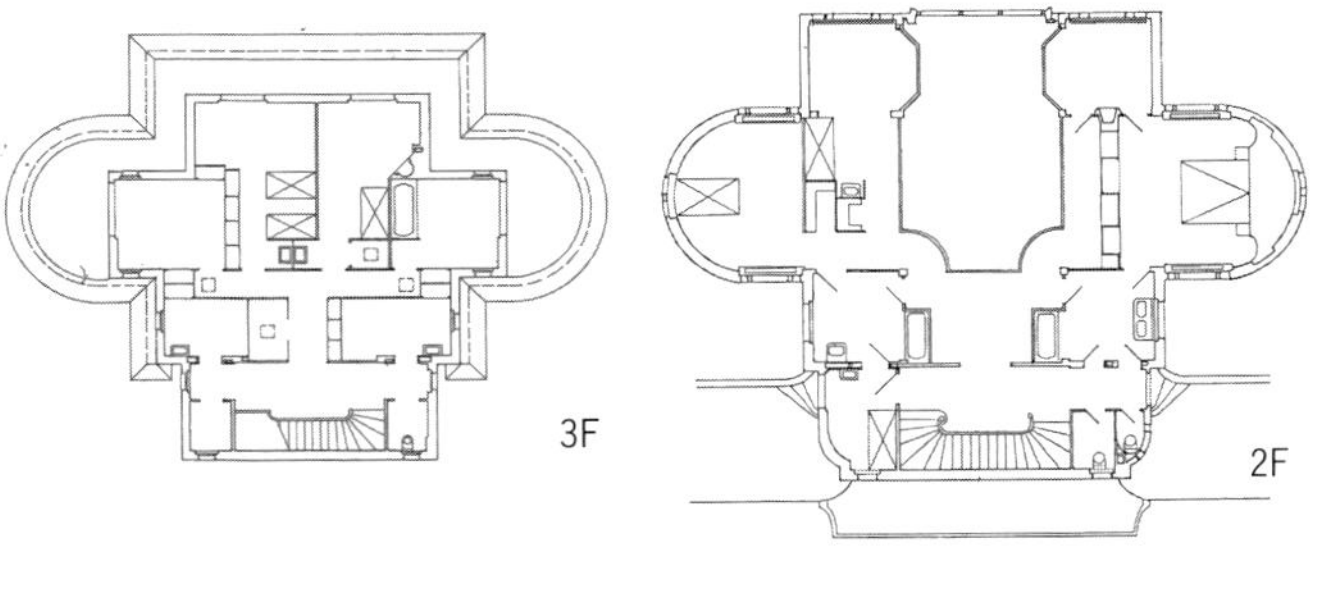

全体を三分割あるいは九分割することによって生まれる正確なゾーニングは、ルネッサンス期のパラディオ建築を嚆矢とする古典的な手法である。いまシュウォブ邸を読み解くためのキー・モデルとして、一五七〇年にパラディオが設計したと伝えられる「Villa LVII Project」を例示したい。「Villa LVII」は、同じパラディオのラ・ロトンダ[12]（一五六七）がイタリーの貴族パオロ・アルメリコ侯という人物のために設計された田園の邸宅であるのとは違って、あくまでも住み手の特定されない仮想のプロジェクトである。それだけに普遍性をもったモデルとして捉えてもよい。

「Villa LVII」の「中央ゾーン」はエントランス・ポーチ、両脇の一対の前室、中心のグレート・ホール、そして庭園に向かう列柱のあるテラスと続く。軸上には一続きのソシアル・ゾーンが設定されている。そして中央ゾーンを挟む両側に一対の階段室と、サイズの違う三つの個室が対称に配置されている。

このような平面幾何学を前提として、シュウォブ邸の平面計画の読み取りを試みると、居住部分本体は見事な「双翼対称性」の三分割構成を基本としており、同時に九分割でもあることがわかる。交互に展開する広いべ

【次ページ】アンドレア・パラディオのvilla LVII（右）とシュウォブ邸の比較

イ、狭いベイの構成や対称性のはっきりした平面構成は、即ち古典的なパラディオの「Villa LVIII」の基本構造に通底するものを読みとれる。

さらにシュウォブ邸の独創性を読み解くうえで、まず二つの基本軸を操作ラインとして設定しよう。街路に平行な軸（都市軸）をX－Xとし、直交する軸（眺望軸）をY－Yとすると、シュウォブ邸の平面の中心は両軸の交点にあり、それが「サロン」である。「Villa LVIII」でいえば、中央の「グレート・ホール」に相当する。

中央のゾーンは、エントランスからサロンに向かい、庭園を望むコンサヴァトリー（温室）を経て外部につながる。そこは吹き抜け空間と大きな開口部のあるこのヴィラの最もダイナミックなゾーンである。それに対して直交するX軸方向には、サロンを挟んでライブラリーとダイニング・ルームが双翼のようにあり、ここだけはハギア・ソフィア大聖堂の影響であろうか、部屋の形が教会の礼拝堂の後陣のように半円形をしている。

この形態はそのまま上階の寝室に反映され、それによって建物全体が明快な分節と固有の量塊性によって決定的な外観をつくり出している。一方内部においては、吹き抜けを介して上下階の相互視覚性が生まれ、かつ都

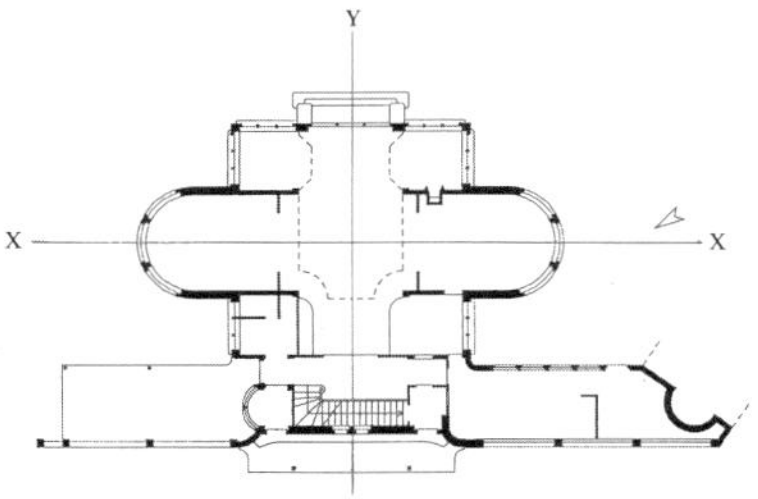

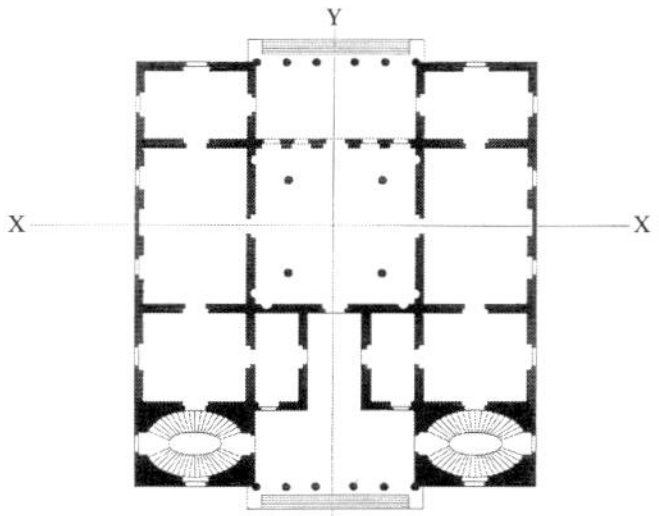

市への眺望が確保されている。ここは機能的にも空間的にもシュウォブ邸の重心であり最もシンボリックな場所となっている。

「建築」は街路によって成立し、
「街路」は建築によって完成する

通常一つの土地は、まず街路に「接道」することによって不動産としての価値をもつ。何故ならそのことによって、はじめて宅地として建物を建てることが可能になるからである。一方街路は、それを挟んで両側に建つ建築をもって環境化され、景観をともなって一つのアーバン・フォームとして完成する。このことが、建物が「都市建築として成立する」ための基本条件である。

通常建築が何かに正対するということは、多くは「街路」、あるいは「広場」、場合によっては特定の「景観」「眺望」にしたがってそのフォーメーションを決めることを意味する。シュウォブ邸の形態とその外観を決定づけているものは、やはり街路に対する正対性と明快なマスの分節化にある

シュウォブ邸の内部・中央ホールの吹き抜け

といえる。一方、都市とは違って最初から依拠すべき街路や広場のない、貴族の荘園の中に建てられたパラディオのヴィラの場合であっても正対性は存在する。所有する広大な「土地資産」を、客人と共に確認するうえでも、まずそれに向かって正対することが大切であり、次に建物へ向かうアプローチの道が決まる。建築の振る舞いは、常に何らかの物理的な文脈か、さもなければ社会的なあるいは宗教的な文脈によって成立するのである。

ジャンヌレは若かったとはいえ、後に『建築を目指して』のなかで触れているように、パルテノンやハギア・ソフィア大聖堂などの歴史的な建造物に建築家としてしっかりと向き合うことはあっても、様式を参照するということはなかった。そうではなく、常に建築の本質をそのなかから発掘しようとしたのである。そのように考えれば、ジャンヌレが、ルネッサンス期の古典的なヴィラを最初からモデルとしたとは思えない。むしろ古典建築に触発されつつも、いかなるモデルにも囚われないくらいの意欲があったのではなかろうか。またシュウォブ邸がつくられたのが、英国の建築家エドウィン・ラッチエンスが手がけたような、広大な領地にたつ壮大なカントリー・ヴィラ、例えば「ザ・サリュテーション」（一九一一）がつく

シュウォブ邸の二階吹き抜けからラ・ショー＝ド＝フォンの街を望む

られていた時代であることを考えると、時計産業の中心地として生まれ変わろうとしていた都市、ラ・ショー゠ド゠フォンにおけるジャンヌレの挑戦がいかに時代に先んじていたかがわかる。

もっとも一方で、アドルフ・ロース[13]が、一九一一年に早くもウィーン郊外に一切装飾のない完全シンメトリーの住宅を建てていた時代でもあった。

ともあれ、ファレ邸を設計したのち、わずか四軒の建物しか経験していない二十九歳のジャンヌレは、早くもカントリー・ヴィラとアーバン・ヴィラとの違いを二項対立性のなかで捉えているかのようにみえる。

二つのヴィラにみる
近代性への胚芽

これまで、ジャンヌレが一九〇〇年代に故郷のラ・ショー゠ド゠フォンに遺した初期作品のうち、特にファレ邸とシュウォブ邸の二つを取りあげて、その対比を試みてきた。

プイユレルの森に建つファレ邸は、良き師と理解あるクライアントに恵

アドルフ・ロースと彼のスタイナー邸

まれて、初めて手がけた処女作である。ジュラ地方特有の石造農家（ファーム・ハウス）の面影を遺し、同時にスイス・アール・ヌーヴォーの頂点を目指して、装飾と建築の新たな一体化をはかった静的で秩序あるヴァナキュラー・モダンであったことを説明した。

一方、シュウォブ邸は、区画割りの整った市街地にあり、限られた敷地のなかにあってきわめて合理的な配置計画と、内部のダイナミックな空間構成が建物全体のステートメントを力強いものにしている。その背景には、東方の旅でのハギア・ソフィア大聖堂の原体験からの痕跡が見られるにせよ、建物を都市街路に正対させるなど、当時としては独創的で大胆な「アーバン・ヴィラ」としての形式を示している。残念ながらこの時代の作品についてジャンヌレ自らが詳しく語ったものは見当たらない。

この作品を敢えて二元論的な対比で見たとき、建築の場所との関係ということで考えれば、前者が「囲みを持たない建築」であるのに対して、後者は「囲みのある建築」として捉えることができる。

これまで語ってきたジャンヌレの二つのヴィラ、ファレ邸とシュウォブ邸がそれ自身「近代性としての胚芽《はいが》」を示すものであるとしたら、次に「近代性としての萌芽《ほうが》」を顕示するものは何だろうか。

二つのスケッチにみる近代性への萌芽

ここで一旦時間がもどる。ラ・ショー＝ド＝フォンの美術学校の校長であったレプラトニエは、一九〇六年に芸術一般にわたる専門家集団を育成することを目的として、学校に専修科を創設した。レプラトニエは学生たちに装飾デザインと建築の実際の設計の機会を与え、場合によってはそれが彼らの雇用につながることを考えていた。ジャンヌレはそれに応えて、美術学校の仲間数人とともに、このコースに進学することになった。それは恐らくファレ邸を完成させたのち、はじめてパリを訪れオーギュスト・ペレのもとで仕事をして、再びラ・ショー＝ド＝フォンに戻った時期にあたるのではないか。ジャンヌレがファレ邸の設計をすることになったのには、レプラトニエがジャンヌレの才能に注目していただけでなく、当時すでにこのような構想が背景にあったのではないかと推察できる。

レプラトニエの三人の弟子たち。中央がジャンヌレ

ジャンヌレがプイユレルの森で、ファレ邸の他ストッァー邸、ジャクメ邸、そしてジャンヌレ＝ペレ邸（一九〇七）を次々に手がけているとき、この専修科も精力的に活動を続けていた。

やがてレプラトニエは、美術学校側からこの専修科を分離独立させることの提案を受けた。それをうけて専修科の学生たちは、正規の組織として「連合芸術家たちのアトリエ」の結成へと向かった。一方、レプラトニエは、その学生たちに雇用の機会を与えることを狙って、連合芸術家たちのアトリエにおける修練を専修科のターミナル即ち最終課程として位置づけることを考えたといわれる。この双方の方向性の一致もあって、レプラトニエは、一九〇八年に学校側の委員会に対して、彼の考える連合芸術家たちのアトリエの学習プログラムを提示した。それは絵画に始まるファインアート全般の彫刻、美術工芸、装飾絵画、そのほか考えられるすべての領域に教員（芸術家）を配置し、さらにそれらを運営するアトリエ長を置くものであった。また学習スペースのプログラムは、共同のアトリエの周辺にグループ化された個々のアトリエを配置する求心構造のものであった。このような構想を受けて、ジャンヌレは、連合芸術家たちのアトリエ構想を二

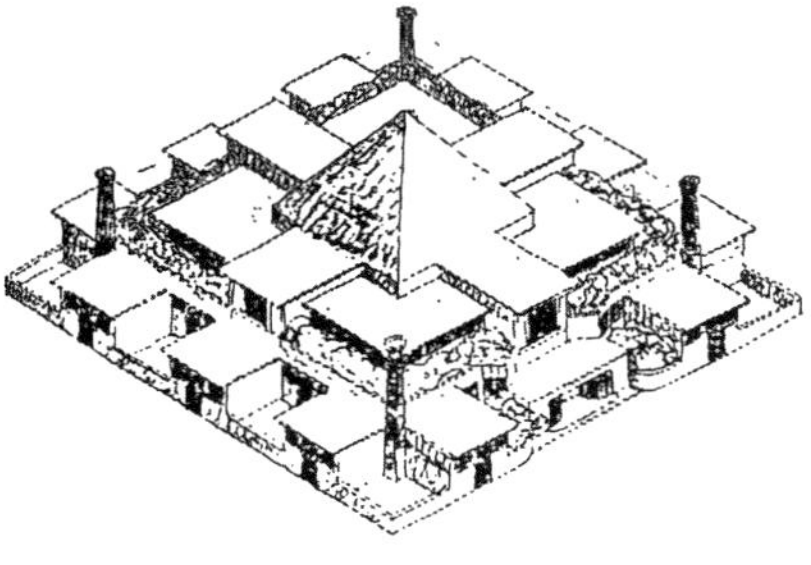

ジャンヌレの描いた芸術家たちのアトリエ全体像のスケッチ（部分、一九一〇）

枚のスケッチにして描いた。

それはまさにレプラトニエの意図を十分に反映した平面計画である。建物の中央にピラミッド状の屋根をもつ「大講義室」があり、その周囲には回廊が廻らされている。その外側には恐らく領域ごとのアトリエが配置されて、全体としてまとまりのよいアーティストの小さな共同体が形成されている。その形態についていえば、中央の大講義室の上部の四角錐以外は幾何学的な立方体によって構成され、量塊性の強い建築であった。

「連合芸術家たちのアトリエ」のスケッチに関連してよくいわれるのは、ジャンヌレが一九〇七年にイタリアの旅行でフィレンツェ近郊のガルッツオにあるカルトジオ派のエマの修道院を訪れたときのことである。「地上と天界」を結ぶ中庭とそれを廻るクロイスター（回廊）とそれに沿って並ぶ修道僧の僧房、そして相互を隔てる小さなプライベート・コートの存在、すべてにわたって見事な空間と形態のヒエラルヒーの明確な生活環境全体にジャンヌレは胸うたれるものがあったに違いない。彼の二枚のスケッチは、その影響を如実に示している。またパリ滞在中、ペレの事務所でコンクリートに関する技術的なことを学ぶだけではなく、時間のあるときはパ

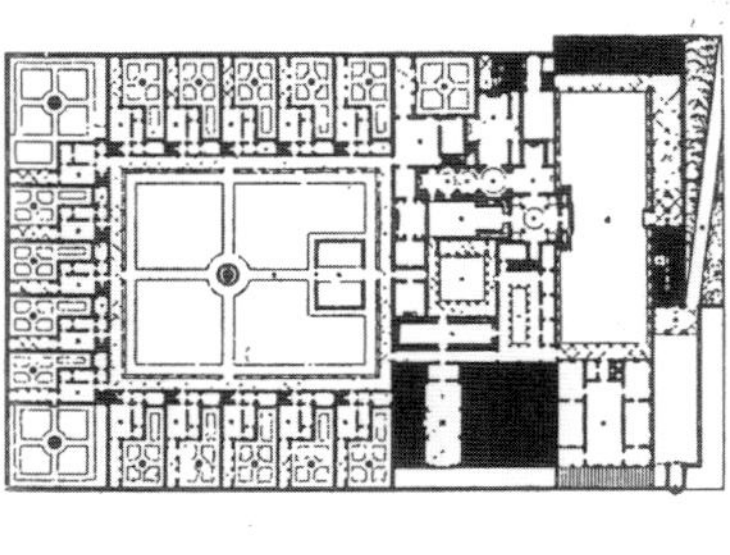

カルトジオ派のエマの修道院平面図

リの国立図書館に行って一八世紀の革命的な建築家・クロード＝ニコラ・ルドゥー[14]やエティエンヌ・ルイ・ブーレ[15]の建築に接している。その影響も受けたとみられる。

ジャンヌレのスケッチは、一九一〇年一月二十四日と二十七日付けの二枚のものからなっている。二枚目のものには、立面が加わり二階のアトリエ周りには植栽が加わっているように描かれている。しかし何故か平面と小さな断面、全体像のアイソメトリックの描かれた一枚目の図面の方に興味を感じる。レプラトニエの目指した美術学校専修科の構想を見事に捉え、それを幾何学性の強い立方体の集合として示した。そこに描かれた建築は、文字どおり「新しい立方体の建築」である。それは一切の付加物のない「量塊」と「空隙」、いいかえれば構築されたソリッドと構築されたヴォイドの組織体としてまとめられている、きわめてストイックなものである。

ジャンヌレ即ちのちのコルビュジエは、著書『建築を目指して』のなかで「立体と面とは建築を表明する要素である。立体も面も平面によって決定される。平面が原動力である。想像力不足の方々にはお気の毒だが！」と言い放った。

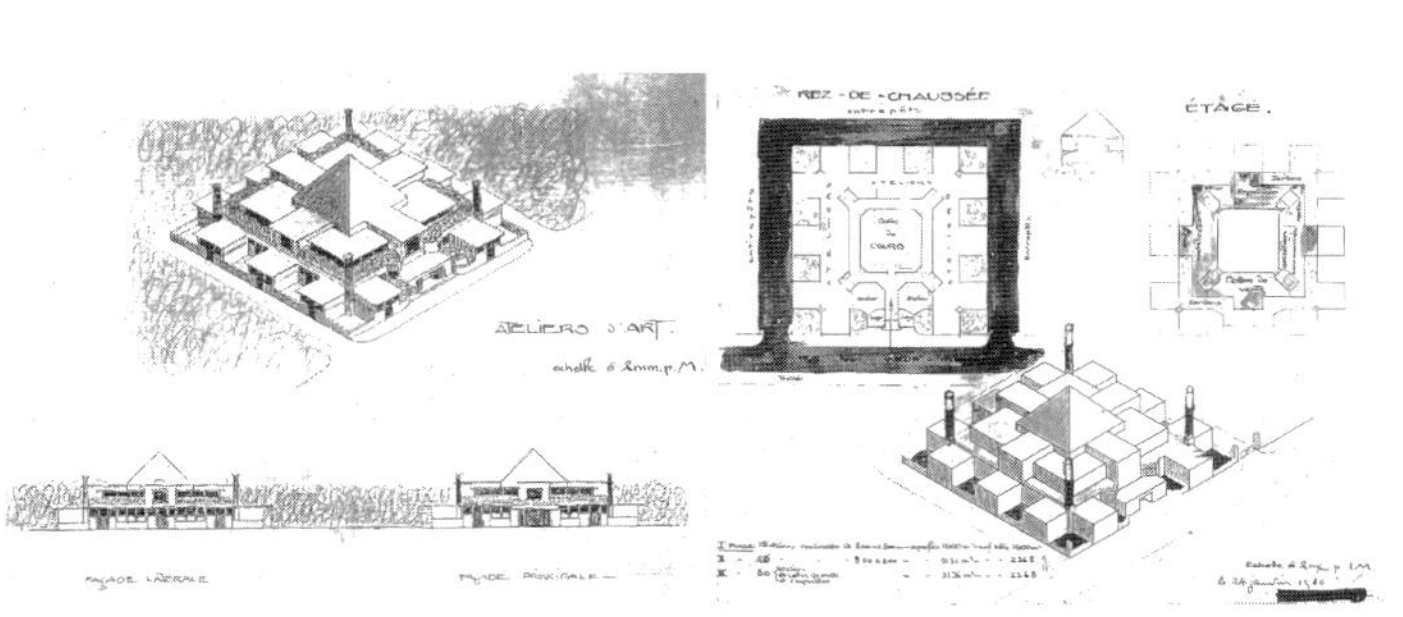

芸術家たちのアトリエ全体像のスケッチ

このことを考えると、「二枚のスケッチ」を描いたときには、すでにジャンヌレにとって平面とは、「プラン・オルガニゼーション」の概念に近いものであって、それは「ヴォリューム」の上位概念であり、そして「ヴォリューム」は面の上位概念」として建築全体を捉えていたのであろう。すでにこの時点において、ジャンヌレは一九二〇年代以降のコルビュジエの思考原理の起点をつかんでいたのではないだろうか。二枚のスケッチから見えるものは、「モダニズムへ向かう萌芽の兆し」である。

ジャンヌレが連合芸術家たちのアトリエのために描いた二枚のスケッチを示されたとき、スケッチとはいえ、彼の同僚のみならずレプラトニエですら驚きが脳裡を掠めたのではないだろうか。一九〇五年から一五年にかけてジャンヌレは、ラ・ショー＝ド＝フォンのプイユレルの森でファレ邸の他に、前述のようにストツァー邸、ジャクメ邸、ジャンヌレ＝ペレ邸をつくり、市街地ではシュウォブ邸をすでにつくっていた。モダニズムに向かう直前のところにまで迫っていたことを考えると不思議はないのだが、「二枚のスケッチ」に示されたものは、彼らの予想を超えるものであっただろう。

かつてコルビュジエは、一九五三年にロンシャンの教会を発表して世界の建築界を驚かした。それまでモダニズム建築の先頭を切って数々の作品を残してきた建築家が、ある日突然これまでとは全く違う、かくも美しく造形の極致を示すがごとき建築を登場させたことに、人々は目を見張ったのである。丘を登ってロンシャン教会の前にたどり着いたとき、衝撃のあまりしばし沈黙のひとときを過ごしたことは、多くの人々の体験として記憶に残っているだろう。これがのちのコルビュジエの作品の不連続的な連続であるとすると、振り返って二枚のスケッチによる連合芸術家たちのアトリエが現実につくられていたなら、これもまた同じような衝撃を与えていたのではないだろうか。

建築家ジャンヌレの遺した「証跡の風景」

二〇世紀モダニズム建築を牽引し、中核的な役割を果たしてきた建築家コルビュジエの生涯の軌跡をたどるうえで、ジャンヌレの遺したファレ邸

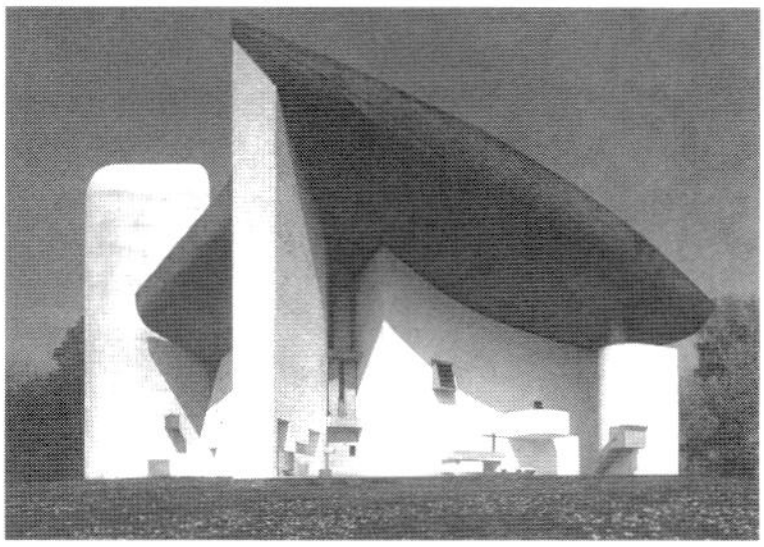

ル・コルビュジエ設計のロンシャンの教会（一九五三）

とシュウォブ邸は単に初期作品として位置づけられるのではなく、前者はヴァナキュラー・モダン、そして後者はクラシカル・モダンという、いずれも秘めた「胚芽」を宿す建築であったことを明らかにすることが本稿の目的であった。また同時に、ジャンヌレがラ・ショー＝ド＝フォン時代の最後に遺した連合芸術家たちのアトリエのために描いた二枚のスケッチは、明らかにモダニズムに一歩踏み込んだ「萌芽」を目にする建築とみることができることも明らかにした。

コルビュジエの思考には、二面性がある。一方では、経験主義の立場に立って機能的要求を満たす具体的な形態操作、他方において、その目的が感性を高め知性を豊かにする抽象的な事象への衝動的な接近である。このコルビュジエの弁証法的な二面性を窺わせる思考様式が、その後の「アーバン・ヴィラ」ならびに「ハウジング」にどのようにつながっていくかについても、この「二つのヴィラ」と「二つのスケッチ」を見逃すことはできない。

さらに、のちの「コルビュジエ」時代のモダニズム建築の進化発展を見るうえでも、これらの存在は見落とすことができない。二つのヴィラはジヤンヌレの近代性に向かう「胚芽」を宿したものであり、そして二枚のスケッチは明らかに近代性に一歩踏み込んだ、その後の展開を思わせる「萌芽」としてジャンヌレが遺したものである。

芸術家たちの村（Darmstadt Artists' Colony）に遺る
オルブリッッヒ・ハウス（House Olbrich, 1900）

第2章

ルードヴィヒ大公と建築家オルブリッヒの遺したアーティスト・イン・レジデンス

世紀末ドイツにみるプレ・モダニズム

ドイツ連邦共和国の東部ヘッセン州に、ダルムシュタットという人口約十五万の中都市がある。一九世紀末に、当地のマチルデの丘につくられた「芸術家たちの村（アーティスト・コロニー）」によって、ドイツのユーゲント・シュティール（青春様式）の名で知られた若い芸術家たちによる新たな芸術運動の中心地として、かつて注目を集めた都市である。開催された博覧会の会場はその街並とともにいまなおその面影が残され、現在は州の重要文化財に指定されている。

一九世紀末から二〇世紀初頭の建築・美術に関わる新しい様式を、ドイツ語圏では通常ユーゲント・シュティールという。この様式が現われるまでは、バロックを経て、新古典主義と呼ばれるネオゴシックとかネオルネッサンスの折衷様式が長く続いていた。そして世紀末に、ドイツ語圏を中心に、この歴史主義にこだわるアカデミズムとの訣別を目指して、若い芸術家を中心として生まれたのが、ユーゲント・シュティール運動といわれるものであった。

そもそもこの芸術運動の先駆者としてあげられるのは、イギリスのウィリアム・モリスに代表されるアーツ&クラフツ運動であろう。それ等を端緒とする芸術運動は、ヨーロッパ各地に広がり、ベルギーのブラッセル、フランスのパリやナンシーでは、アール・ヌーヴォーともいわれ、ドイツ語圏ではユーゲント・シュティールと呼ばれるものとなった。

ユーゲント・シュティールにしてもアール・ヌーヴォーにしても、国や地域によって呼び名が異なるように、それぞれ多様な発展の道を辿っていった。芸術家たちは、世紀末から二〇世紀への転換期を迎えて、ただ一筋の流れに乗ったわけではない。各々の歴史も文化も異なる国々の人たちが、それぞれの方法で常に芸術の本質を見つめ直し、新たなるものを求めて二〇世紀へ向かっていった時代であった。敢えていえば、それを文化圏ごとのプレ・モダニズムあるいはヴァナキュラー・モダニズムとでもいえるのかもしれない。

　一八九七年、ヘッセン公国第五代大公、エルンスト・ルードヴィヒ（一八六八―一九三七）は、当時ヨーロッパの最前線で活躍する七人の芸術家をダルムシュタットに招聘し、まず彼らのための住居と共同アトリエを用意して「芸術家たちの村」をつくった。これは、ダルムシュタット市における、今日でいえば芸術振興を目的とする「アーティスト・イン・レジデンス」[*1]の一形態と考えられるものといってよい。

　そして一九〇一年から一四年までに四回の博覧会を開催し、ダルムシュタットに新たな芸術文化の歴史を遺した。かつてはヘッセン＝ダルムシュタット公国と呼ばれたこの国は、幾多の歴史的変遷を経たのち、一八七一年にドイツ帝国の構成国の一つになり、第一次世界大戦（一九一四）後に公国の歴史を閉じて共和制のヘッセン民主国になったが、その後も「芸術

エルンスト・ルードヴィヒ大公

家たちの村」はそのまま一つの文化遺産として遺されている。

ルードヴィヒ大公は、生涯を通じて芸術を愛し、自身は詩人、劇作家、エッセイストでもあり、みずから芸術の支援者をもって任ずる人物であった。大公の出自に触れれば、エッセン大公ルードヴィヒ四世と英国のビィクトリア女王の次女に当たる母マリアとの間に生まれた長男であった。英国のビクトリア女王が祖母に当たることから、幼少の頃より母からイギリス式の教育を受けて育った。当然のことながら若い頃には英国にわたる機会も多く、特に英国のウイリアム・モリスの思想に強く共鳴し、またアーツ&クラフツ運動にも直接触れる機会に恵まれていた。したがって、その影響もありドイツ語圏でおこったユーゲント・シュティール運動にも関心が高く、その支援者としても知られていた。

ルードヴィヒ大公によって構想された「芸術家たちの村」は、ダルムシュタット市の中心から東に位置する、小高いマチルデの丘につくられた。この丘はもとを辿れば大公ルードヴィヒ二世の治世時代（一八三〇－四八）に、葡萄園であった土地を庭園用地として取得したもので、義理の娘マチルデに因んで「マチルデの丘」と名付けられたといわれている。その後一

芸術家たちの村の入り口の管理者邸宅・ダイター邸（一九〇〇）

八八〇年代には、丘の上に市の貯水池がつくられ、すでにあったロシア教会とともに、幾つかの市の施設が整備されていた。このような市街地化の進むなかにあって、ルードヴィヒ大公がこの地を芸術家たちの村の適地として計画を推し進めたのは、自身がかねてから抱いていた構想の実現へ向かう強い意志の表れと思われる。小高い丘といえば、アクロポリスの神殿に象徴されるように、一つのトポグラフィーとして人間に何か想いを抱かせる力があるのだろうか。ウィーン分離派がその名を「セセッション」としたのは、古代ローマの民衆があるとき「丘」に参集し国家建設を叫んだ、「民衆離反」の故事にちなんで付けられたともいわれている。

この芸術家たちの村の設立の背景には、ヘッセン州に古くから伝わる家具工芸品の手工業が、産業革命以降の工業化の波に押され窮地に陥るという逼迫した状況があった。また一方で当時の機械化の進行のあまり、デザインの創造性の枯渇することを憂い、真の工芸品の品質を高めるためには、中世ギルドの精神の復活や、優れた芸術家の招聘によって、人々が新時代の息吹を感知することこそ最も重要であるとルードヴィヒ大公自身が考えていたこともあるだろう。

一八九九年、まさに世紀末のそのときに芸術家たちの村において、「ドイツ芸術の記録」をテーマとして第一回の博覧会が開催されることが発表された。それは紛れもなく、アーティスト・コロニーの存在自体を世に問うことであったが、ルードヴィヒ大公としては、マチルデの丘を古代ギリシャの文明発祥の地アテネになぞらえて、人々の高揚感とともに芸術性豊かな体験をすることのできる「場所（コロニー）」をつくる思いを込めていたと思われる。個々の建物にしても最後のディテールに至るまで建築家の魂の吹き込まれたものこそが、至高の展示物であると信じていたに違いない。

まずルードヴィヒ大公によって招聘された芸術家は、次の七人であった。筆頭は、当時画家クリムト[2]の結成したウィーン分離派に属し、その展示施設であるセセッション館[3]を設計し一躍脚光を浴びた建築家ヨゼフ・マリア・オルブリッヒであった。建築家はオルブリッヒ一人であったが、他には彫刻家のルドルフ・ボッセル、パリ出身の画家ハンス・クリスチャンセン、装飾画家のポール・ブルック、工業インテリア・デザイナーのパトリッツ・フーバー、彫刻家ルードヴィヒ・ハビッヒ、当時は画家でありグラフィック・アーティストであったピーター・ベーレンスが招聘されたのであった。彼らは、いずれも二十代後半から三十代初めの若い同世代のアーティストであった。

当時、芸術家たちの村設立のための基金は、大半がルードヴィヒ大公の財政支援によるものであったが、表向きはダルムシュタット市当局から供出されたことになっていた。

興味ある記録が残されている。それによると、ルードヴィヒ大公によって招聘され「芸術家たちの村」で制作にのぞむことになった七人には、立ち上げ期間中の二年間、生活資金として当時の価格にして総額一六〇〇〇マルクが予算として用意されていたとされる。

ルードヴィヒ大公が「芸術家たちの村」の総合企画プロデューサーであるとすると、アート・ディレクターに相当するオルブリッヒには四〇〇〇マルク、クリスチャンセンに三六〇〇マルク、ピーター・ベーレンスに三〇〇〇マルク、ハビッヒに一八〇〇マルク、ボッセルに一二〇〇マルク、ブルックに九〇〇マルク、フーバーに九〇〇マルクという配分であった。何ゆえにこのような配分であったのかは知る由もないが、この他に各人にプロフェッサー・シップの栄誉が約束されていたという。

そしてさらに、一九〇一年に開かれた第一回の博覧会では、ダルムシュタット市から助成金として三〇〇〇〇マルクが拠出されている。しかしそれは一方で物議をひき起こす火種ともなった。当然のことながら、これまでドイツの地方都市ダルムシュタットのアーティストとして活躍してきた人たちからの批判が起こり、モダニストと呼ばれる人たちへの怒りが最後は憎悪に変わっていったといわれる。

一方ルードヴィヒ大公から全幅の信頼を受けて、ディレクターの役割を果すこととなったオルブリッヒは、招聘芸術家のうちピーター・ベーレンスを除く六人の家の設計をすべて手がけることになった。それればかりではなく、続く八年間は、「芸術家たちの村」の完成に向けて活躍するオルブリッヒの独壇場であった。

建築家ヨゼフ・マリア・オルブリッヒ

最初にオーストリア＝ハンガリー帝国トロッパウ生まれの、ヨゼフ・マリア・オルブリッヒという建築家について語らなければならない。すぐに思い浮かべるのが、一八九八年に彼がウィーンで設計したセセッション館（ウィーン分離派館）である。設計したとき、彼は弱冠三十一歳であった。完成した直後は、丸いドーム状の金色に輝く丸屋根が、三千枚近い月桂樹の葉を象《かたど》っていたがために「金色のキャベツ」とか「イスラム教の救世主の墓」とか揶揄と批判の言葉を浴びた。しかし当時のウィーン分離派を主導するオットー・ワーグナーやヨゼフ・ホフマンを差しおいて、その設計者に選ばれたことによって彼は一躍脚光を浴びることになった。

一八六七年生まれのオルブリッヒは、父親の家業を兄二人に任せ、国立高等中学校に進んだ。将来はかねてより関心の強かった建築の道に進む事を決めていたのであったが、最終卒業試験を受けるのを待たずに学校をやめた。そして一八八二年十四歳のときに、再び実業学校に入り直し建築学科に進んだといわれる。その次の年にこの実業学校に、建築家でありタウン・プランナーでもあり、特に都市構造に詳しかったカミロ・ジッテが校長として赴任してきた。その存在は、若いオルブリッヒの将来に何らかの影響を与えるに充分な人物であったのであろう。

ウィーンのセセッション館（一八九八）

【次ページ】ウィーン分離派の主要メンバー。左からヨゼフ・ホフマン、オットー・ワーグナー、オルブリッヒ

一八九〇年二十三歳に達したとき、改めてウィーン美術学校の特別建築コースに入学し、校長であったバロン・カール・フォン・ハゼナウアーのもとで学ぶことになった。オルブリッヒの才能は、このアカデミーで花開き、最初の年に学内の建築賞を取り、美術館の設計競技において二位の成績を収めて然るべき賞金を手にした。翌年にもまた、学内のプロジェクトで特別建築賞を取るという輝かしい成績を残し、その優れた才能を充分に発揮した。そして三年目には栄誉あるローマ賞[4]を獲得し、永遠の都ローマにおいてさらに研鑽をつむ機会を与えられた。

オットー・ワーグナーとの出会い

オルブリッヒにとって次の画期的な出来事は、一八九三年の美術学校の卒業制作の「メモリアル劇場」を学内で発表したとき、それを目にしたオットー・ワーグナーと出会ったことだった。当時ワーグナーは、ウィーンの都市鉄道計画を手がけており、優秀な若い人材を探し求めていた。ワーグナーが美術学校の玄関でオルブリッヒと偶然すれ違ったとき、事務所に

来るように促したところ、彼はその申し出を快諾したと伝えられている。

しかし、彼はワーグナーのウィーン市開発計画を手伝ったのち、ローマ賞授賞のためにウィーンをあとにした。多くのローマ賞授賞者の建築家がそうしたように、途中イタリアの中世都市ボローニャやパドヴァを訪ねながらローマに向かったといわれる。もっともオルブリッヒは通常のローマ賞授賞者とは違って、独自のスタディオをもつ事もなく、四か月滞在したのちローマを離れた。同僚の一人であったヨゼフ・ホフマンに宛てた手紙のなかで、「ローマは何が偉大で何が力強さなのかを存分に教えてくれた。しかし、我々の年代の者にとって何が最も重要なものなのかについては、何も発見できなかった」と感想を述べているのは興味深い。

その後オルブリッヒは、再びオットー・ワーグナーから懇願され彼の事務所に戻ることになり、都市交通計画の計画主任として駅舎の設計などワーグナーの片腕となって働いたといわれる。ウィーンの有名なカールプラッツ駅の設計では、ワーグナーが全体の基本デザインをスケッチしてオルブリッヒがそれを完成させるなかで、ときとして自分のサインを密かに図面の片隅に残すことがあったようだ。ちょうどアメリカのシカゴで、ルイス・サリヴァン[5]がフランク・ロイド・ライトを事務所に迎えて、ライト専用の部屋を与えるほど厚遇したとき、いつしかライトが自分独自の仕事であるかのように振る舞ったという話とどこか通じるものがある。同じ一八九〇年代の出来事である。

　ウィーン美術学校の校長であったハゼナウアーの死により、オットー・ワーグナーがその後を引き継ぐことになって、事務所におけるオルブリッヒの責任はさらに重くなった。このような状況で、新たに同僚のヨゼフ・ホフマンが事務所に加わることになった。ワーグナーはこの才能ある二人を我が子のように思い、自分の二人の愛娘を彼らと結婚させようと考えるほどであったと伝えられている。しかしこのような親密な師弟関係のあるなかでも、必ずしも建築の考え方に関しては同じ方向を向いていたとはいえない。オットー・ワーグナーは、「建築は必要にのみ従う」という信念をもち、機能性、合理性を重視する近代建築の理念を表明し実践してきた。その意味で近代建築の基礎をつくってきた建築家の一人である。しかしワーグナーの初期の作品、アール・ヌーヴォー風のマジョリカ・ハウス（一八九八）のハウジングにしても、後半の郵便貯金局（一九〇六－一二）にしても完全な古典様式の払拭にはいたらなかった。むしろ世紀末から世紀始めの微妙なバランスのなかに見られるオリジナリティは、いわゆるワーグナー・スクールといわれるオルブリッヒやホフマンの若い世代の感性によって生み出されたものかもしれない。

事実、ワーグナーの謦咳《けいがい》に接したオルブリッヒにしても、ヨゼフ・ホフマンにしても、実際は当時のアーツ&クラフツ運動の推進者であった英国のチャールズ・レニー・マッキントッシュの影響を受けた建築家でもあった。そしていずれにしても、この三人はクリムトが会長であったウィーン分離派の活動を支えてきた人々だった。

ルードヴィヒ大公館《ハウス》という名の制作工房館《アトリエ》

オルブリッヒがダルムシュタットの芸術家たちの村において、最初に手がけたのは、エルンスト・ルードヴィヒ大公館と名付けられた建物であった。それは実際には、招聘された七人のアーティストのための制作工房棟

オットー・ワーグナーの代表作の一つ、ウィーンにある郵便貯金局

（アトリエ）であり、芸術家たちの村の記念碑的なシンボルとしてマチルデの丘の一番高い地点に建てられた。ルードヴィヒ大公の方針によるものであろうが、視界も開け樹木にも恵まれたこの地点に建てることになった背景には、一つのアナロジーとして神殿に帰属する聖なる仕事場に見立てたということがあったかもしれない。少し現代風に考えれば、すでに触れたように「大公」という為政者による「アーティスト・イン・レジデンス」の一形態と考えられなくもない。アーティストがある期間、日常の世界から離れてある地域に住み、その固有の歴史文化に触れると同時に、自己を客観的に見つめ直す機会が与えられたと考えることもできる。そしてあらたな創造力によって作品をつくり、新たなインパクトを地域社会に与える。そのことが一つの価値であるとすれば、すでに百年前にアーティスト・イン・レジデンスが存在していたと考えるのも何かの発見のような気がする。これは現代にも通じるアーティストにとっての「他者の再認識」と「自己の再発見」ということではないだろうか。

マチルデの丘の南斜面を下から仰ぎ見ると、巨大な「強さ」と「美しさ」を象徴する二人の男女像がユーゲント・シュティール特有のオーム型

（Ω）のエントランス・ポーチの両脇に立ち、近づく者を招き入れるというよりは圧倒する。この像は招聘芸術家の一人、彫刻家のルードヴッヒ・ハビッヒによって制作された。またポーチのなかにある正面扉の上には、もう一対の「勝利」を示すブロンズ像が掲げられている。同じく招聘芸術家で彫刻家のルドルフ・ボッセルの作品である。オルブリッヒは、早くもこの最初の建物において見事に彫刻家とのコラボレーションを果たし、芸術家たちの村の立ち上げに相応しい幸先の良いスタートを切ったといえる。成功の証跡の一つを遺したのである。

中央の一対の男女像は台座を含めて一〇メートル近いものであり、一方オーム型のポーチそのものもそれに匹敵する大きさがある。ポーチの白い内壁面には、彼自身のデザインによる金色のスタッコ文様が象嵌のように刻まれている。これは、何かのアイコンとして存在するのではなく、パターンそのものの持つ幾何学性に意味を与えようとしたもののように見える。オルブリッヒは、まずこのポータル・エントランスに多大なエネルギーを注いだのだろう。全体として、彼の設計したウィーンのセセッション館の金色の丸屋根を載せたエントランスの迫力にも劣らない。セセッショニス

ルードヴィヒ大公館と呼ばれた芸術家たちの制作工房館（一八九九）

トの面目躍如たるものがある。

この建物の大きさといい、その迫力ある造形性といい、正面中央の入り口を中心に、全長約八〇メートル近い水平に延びるルードヴィヒ大公館は、独特のスケール感をもっている。特に正面のファサードは、中央のエントランスに対して、廊下の組格子の開き窓（ケースメント）が、ある間隔で横一列に反復され、同時に半地階部分の明かり採りにもサイズの小さい同種の窓が横一列に並んでいる。それ等をつなぐフリーズが加わって全体の水平性が強調されている。

全体をつなぐ廊下が建物の南側を、ちょうど日本の住宅建築の続き間に沿う縁側のように延びている。外に開かれたこの明るい廊下によって、それぞれ八つのアトリエへの往き来が快適なものとなって、アーティスト相互の交流が自然に生まれることを意図していたようだ。

吹き抜けのアトリエ空間の主採光は、北側に設けられた大きな傾斜ガラス屋根からなされ、内部を被う傾斜屋根上方の先端がそのままデザインされた出の深い庇《ひさし》になっている。この部分的に見える庇の存在によって、建物のスカイラインが際立つと同時に、正面からは見えない背後のアトリエ

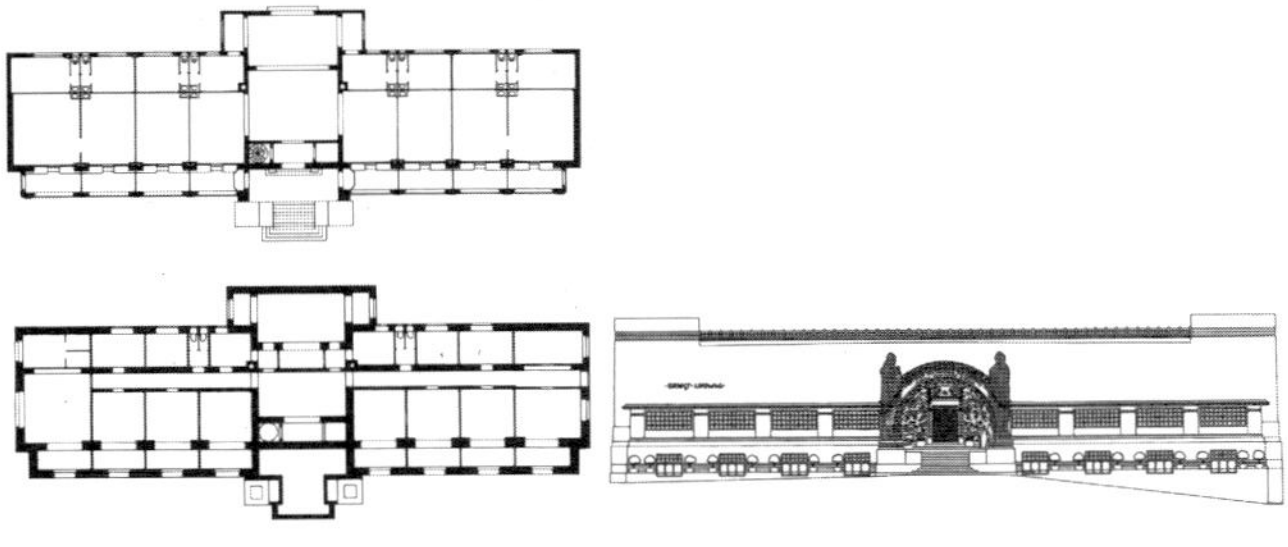

ルードヴィヒ大公館の立面図・平面図

の存在を暗示しているように見える。

デザインされた鋳鉄製のブラケットに支えられた軒庇の水平性、南側を走る廊下の下庇の水平性と、横一線に並ぶ組格子の窓の反復と上下階を明確にするフリーズによって強調される安定性、それ等に拮抗するポータルとしての巨大な男女像とオーム型のエントランス・ポーチがつくり出す佇まいは、世紀末建築がもつダイナミズムともいえる。

実際には、この建物には広いアトリエだけでなく、八つの住居部分が下階に設けられており、同時に彼らのための小劇場やジム、フェンシング・ホール、シャワールーム、そしてゲストルームが用意されている。とても貧しいアーティストの生活イメージとは無縁の恵まれた環境が長い建物のなかに整然と収められている。招聘されたアーティストのなかには、自分の住まいができ上がるまで、この快適な制作工房棟でずっと過ごしていた人物もいたといわれる。

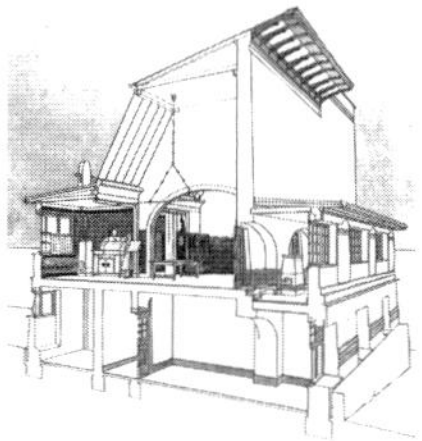

ルードヴィヒ大公館の外観と制作工房室の断面

ルードヴィヒ大公館を頂点とするヴィラ全体の配置計画

マチルデの丘の頂きに建つルードヴィヒ大公館に直交する軸線上には、第一回博覧会のための展示館（現在は存在しない）が正対していた。そして、南側の緩やかな斜面一帯にオルブリッヒの設計したアーティスト（ピーター・ベーレンスの家を除く）六人の住まいが配置された。それは聖なる仕事場と俗なる日常との往還を一つの秩序として、二つをつなぐ階段・フットパスや庭園、噴水、花壇を配置して一体感をつくろうとしたのであろう。確かに第一回の博覧会では、最も主要な展示物はオルブリッヒの設計になる「アーティストたちの家」そのものであったが、決して博覧会場のパビリオンのような配置ではなく、全体を一体感のある一つのコミュニティとして整えようとした意図が感ぜられる。

このすべての設計を一八九九年に開始し二年間で完成にまでこぎつけ、第一回の博覧会に間に合わせたという信じがたい記録が残っている。

そしてオルブリッヒの生涯最後を飾るにふさわしいヘッセン公の結婚記

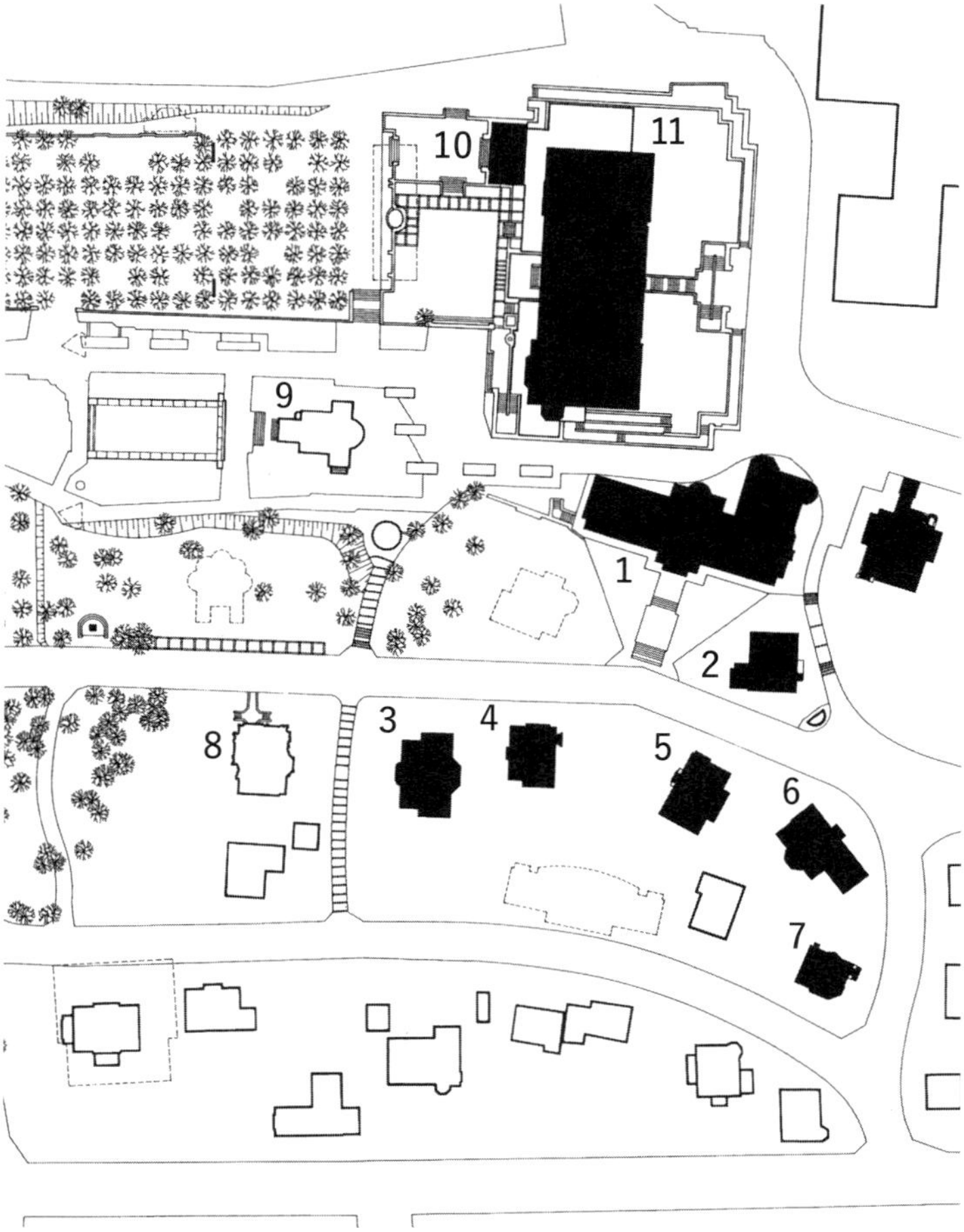

芸術家たちの村の建物全体配置図（1901 年）

1. ルードヴィヒ大公館
2. オルブリッヒ・ハウス
3. グルッカート邸 I
4. グルッカート邸 II
5. ハービッヒ邸
6. ダイター邸
7. ケラー邸
8. ベーレンス邸
9. ロシア教会
10. 結婚記念塔
11. 展示会館

念塔という建築が一九〇六年にでき上がり、併せて第三回の博覧会の会場として使われた展示施設がその脇につくられた。

これら一連の建物は、例えるならば、一九世紀末にダルムシュタットに花開いたユーゲント・シュティールの記念碑とでもいえるものであろう。これまでのダルムシュタットには、誇れる水晶宮のような展示会場も、伝統あるアカデミーもあったわけではないが、このことが逆に「芸術家たちの村」を立ち上げるうえで、なんら既成の価値観に囚われる必要のない状況をつくり出していたともいえる。一人の高貴なる大公が、自国のため何も恐れる事なく、これまでにない芸術家たちの村を構想し、新時代のウィーン分離派を代表する一人の建築家、オルブリッヒにそのディレクターとして白羽の矢を立てたことは、考えてみれば希有の出来事といえなくもない。またそれはルネッサンス期のメディチ家をパトロンとした建築家や芸術家との関係とも違う。

マチルデの丘に遺された芸術家たちの村とは、近代の一人の為政者として芸術振興につとめたルードヴィヒ大公と建築家オルブリッヒとのこれまでにないパートナーシップが遺した証跡の風景と見ることもできる。このルードヴィヒ大公館は、第二次大戦の戦禍を受け一九八〇年代に修復再建された後、現在はダルムシュタット芸術家コロニー美術館となって使われ、その原形を遺している。

芸術家たちの村のオルブリッヒ・ハウスとは何か

近代の応用美術にかかわるアーティストは、詩人であると同時に仕事をする職人であったに違いない。彼は新しいことに向かって創造的であり、天性豊かな才能を発揮した。だからこそ彼はアートと技術を人の心を動かさずにはおかない方法によって結びつける。常に独創的であることが彼のパーソナリティであり、彼の存在そのものである。なぜなら彼の生み出すものは、常にシンプルで彼に帰属する唯一無二のものだからだ。（筆者訳）

この一文は、一八九九年に、当時ウィーンで活躍した作家でジャーナリ

オルブリッヒ・ハウス（一九〇〇）

ストであったルードヴィヒ・ヘヴェジが書いた『オルブリッヒの原点』の序文である。オルブリッヒは建築家である以前に、近代の応用美術に関わる優れたアーティストの一人であるという認識に彼は立っていた。

芸術家たちの村における第一回の博覧会が「ドイツ芸術の記録」と銘打って一九〇一年に開催されたことはすでに述べたが、主たる展示物の実体は何かというとオルブリッヒが手がけた、自宅を含めた招聘芸術家のための住居そのものであった。それはルードヴィヒ大公の意図した結果そのものであったに違いない。そしてピーター・ベーレンスの演出による祝典祭とともに開催された博覧会の話題は、たちまちにダルムシュタットを越えて広がった。

もっとも、開催後、半年も立たないうちに財政的困難に陥り、一旦閉幕を余儀なくされる事態を招く。その結果、アーティストのうちＰ・ビュルック、Ｈ・クリスチャンセン、Ｐ・フーバーたちが一旦コロニーを去ることになり、翌年にはＰ・ベーレンスとＲ・ボッセルが同じように去ることになった。これは芸術家たちの村としては最初の挫折ともいうべき出来事であったに違いない。しかしこの一九〇一年には、すでにオルブリッヒの

オルブリッヒ・ハウスの各階平面図

手になるほとんどの住宅ができ上がっていた。その後二つの大戦を経て今日までに辿った運命もそれぞれであり、それらが百年以上を経た二一世紀の今日まで貴重な文化遺産として遺されている。

オルブリッヒ・ハウスについて

オルブリッヒが芸術家たちの村において、ルードヴィヒ大公館に次いで手がけた建物が、まさに自分の住む家であった。これは、芸術家たちの村のなかにおいて大公館がそうであったように、ユーゲント・シュティール様式の新たな役割とその存在を示すうえにおいて重要な建物であった。

オルブリッヒ・ハウスは、周辺を含む全体配置図でわかるように、ルードヴィヒ大公館の東ウイングの前に位置し、三角形をした敷地の中にある。芸術家たちの村に向かう坂道を南からあがって、最初に出会う角地に一つのランドマークのようなかたちで建っている。大公館に向かうフォーマルな階段を挟んだ反対側には、（現在はないが）招聘芸術家の一人、画家のクリスチャンセンの住まいが建っていて、オルブリッヒの住まいと一対の関

2F

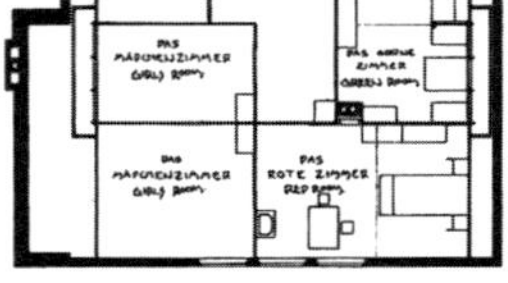

3F

係性にあった。

外観は、原型としてヘッセン地方で見かけるバナキュラーな民家を思い浮かべるが、実際はオルブリッヒ固有の洗練されたデザインによる複合度の高いステートメントをもった佇まいであることが、最大の特徴といえる。

平面計画は、決して複雑なものではない。英国の伝統的なマナー・ハウスの基本型に見られるような階段ホールを中央に全体が三分割された構成である。一説によれば、ちょうど同じ頃ドイツのある室内装飾に関わる雑誌社の主宰した「アートを愛する人の家」と題する設計競技があり、英国の建築家ベイリー・スコットが一席となったが、そのスコットの案に少なからず影響を受けたともいわれている。このときの二席が、オルブリッヒがかねがね私淑するレニー・マッキントッシュの案であった事は何かの縁であろう。しかしそれは彼の自宅である以上、固有の生活スタイルとそのためのプログラムを反映したものであって、オルブリッヒ・ハウスもまたユーゲントスティール・スタイルを代表する「アートを愛する人の家」そのものであるといってもよい。

それぞれの部屋の大きさや相互の配置関係は、自宅である以上独自のプ

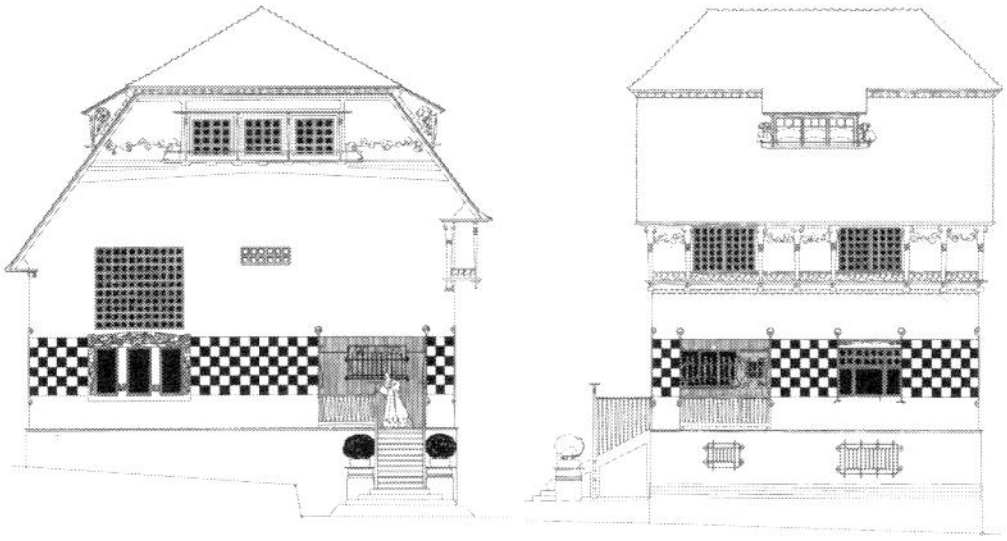

図　オルブリッヒ・ハウスの立面

ログラムによって決まっていることは当然であるが、そのなかでも特に二層吹き抜けのリビングルームはこの家の全体を読み解くうえで重要な鍵である。音楽の愛好家としても知られていたオルブリッヒは、ピアノを吹き抜けでつながる二階の階段ホールに置いて、奏者が直接見えないようにした。ちょうど聖堂や教会のパイプオルガンの位置がそうであるように、上に反響して降り注ぐ音を好んだのであろう。これはまさに「アートを愛する人の家」に相応しいだけではなく「音楽愛好家の家」そのものである。

また彼自身のコージーな書斎がちょうどリビングルームのニッチのように設けられ、しかもインテリアの一部としてデザインされたカーテンで仕切られている。このような通常の形式にとらわれないかたちで空間をとりまとめていく姿勢こそが、ユーゲント・シュティールの目指すべき方向であったのであろう。

自邸のリビングルームであればこそ、その固有の使い方から位置や大きさが決まってくる。それをまとまり良く方形全体の枠のなかに収める事にとらわれず、むしろわずかな大きさの違いをイレギュラーなものとして扱い、逆に全体を崩す動因としている。詳細にみると、そのことによって、

オルブリッヒ・ハウスのリヴィング・ルーム

まず大屋根全体が動きのあるダイナミックな構成となって、建物の非対称性が生まれている。特に南側の正面ファサードがそれを顕著に示している。リビングルームの大きい開口部、それに対抗する小階段のあるエントランス・ポーチ、そしてその二つを水平に結ぶブルーとホワイトの市松文様の帯状のフリーズによってまとめられているのが印象的である。それは全体として、「構成と選択的装飾の一致」をかかげ、美と実用性を融合させることを目指すユーゲント・シュティールの面目躍如たるものがある。

オルブリッヒの
エントランス・ポーチとは

エントランス・ポーチは、オルブリッヒの設計した「芸術家たちの村」の他の住宅にもたびたび登場する手法であるが、結果として常に前述の二層吹き抜けのリビングルームの開口部のスケールと相まって建物全体のステートメントにかかわる発信性の強い要素となっている。

エントランス・ポーチそのものは、一九世紀末の、特にアメリカの木造コロニアルスタイルの独立住宅や、同時代のヨーロッパではギマール[6]の設計したアール・ヌーヴォー・スタイルのヴィラや、アンリ・ソヴァージュのヴィラにも見られるが、多くは庇の設けられたカバード・ポーチである。オルブリッヒの住宅の場合は、建物本体に取り込まれている。この場所は、いうならば住宅の内部とも外部ともいえる中間領域で、そこで人の出入りに伴う行為として小休止や立ち話をする場所であることが意図されている。このようにさりげなく中間領域をつくることは、芸術家たちの村にある住宅にふさわしく、常に訪れる人を隣人として受け入れることの表意である。

　事実オルブリッヒの住宅は、ダルムシュタットの芸術家たちの村における第一回の博覧会の開催に間に合うように造られたが、同時に会期が終るまで一般の人々に開放されたことも、この建物が新時代の住宅建築の一つであるとする意図があったことを如実に示している。

「芸術家たちの村」には、オルブリッヒの設計した招聘芸術家の住宅が六軒あるが、同一の建築家がおよそ二年間という短い期間に設計し終えたとは信じがたい。しかしそれぞれ住み手の異なる個別の住宅として見事な成果を残している。その多様性だけでなく、同時にウィーン分離派を代表す

オルブリッヒ・ハウスのエントランス・ポーチ

る建築家の一貫したデザインの特色を読み取ることができ、それは期せずして正面ファサードに凝縮して表れている。

その後、このオルブリッヒ・ハウスも、大公館同様に第二次大戦の戦禍を負い、一九五〇年に再建されたものの、地下室を除く上階は大きく変わった。しかし正面のファサードにはブルーと白のタイルの市松に貼られているのが原型を忍ばせている。一九八〇年以降は「ドイツ・ポーランド協会」として使われている。

オルブリッヒの手がけた特色ある二つのヴィラ

ルードヴィッヒ大公の委託によって、オルブリッヒが芸術家たちの村に住む六人のアーティストの住宅とコロニー全体の管理を担う人の住居を設計することになったことはすでに述べたとおりである。設計されたすべての住居は、どれをとってもそれぞれアイデンティティの明確なもので基本的に類似したものはない。そのなかでも次の二つ、グルッカート邸とハー

オルブリッヒ設計のケラー邸（一九〇〇）のエントランス・ポーチ

ビッヒ邸は、全体の配置計画のうえで重要な位置にあるだけでなく、形態においてある種共通する造形言語を持つ。両者はともに一九〇〇年に造られたものであり、いずれもモダニズムに移行する予兆としての魅力が感ぜられる。それぞれ両者の関係性と個々の特質を見ていきたい。

●クライネス・グルッカート邸

グルッカート邸は、芸術家たちの村を中心とした第一回の博覧会が開かれる二年前にはすでに設計はでき上がっていたといわれる。そして次に扱うハービッヒ邸も完成したのは一九〇〇年だとすれば、やはり同じように設計は終わっていたのであろう。この二つの建物はルードヴィヒ大公館から南に下る軸線を挟んで向かい合うような位置関係にあり、エントランスも対面している。ルードヴィッヒ大公館を頂点として南に下る軸線と、対面する二つの住まいのエントランスを結ぶ対向線は直交する関係にある。実はこの関係はオルブリッヒ邸と画家クリスチャンセン邸との間にも同じことがいえる。このことから大公館から始まって最後にできたベーレンス邸までの十棟が、決してランダムに配置されたものではなく、それぞれが

クライネス・グルッカート邸（一九〇〇）の外観

相互に関係を持つような形で配置されていると推察できる。

グルッカート邸は、オルブリッヒ邸のような大屋根のあるヴィラではなく、単純な陸屋根を基本としている。この陸屋根が、これまで支配的であった大屋根の放棄という意味において、より明確なモダニズム建築への移行を思わせる。しかもこれはコルビュジエの「新しい近代建築の五原則」の一つとして発せられた「屋上庭園」に先んずる建築行為であることにおいて、注目すべきことである。また最上階の一部が筒型ヴォールトの形となっていることにおいても、アドルフ・ロースがホーナー邸（一九一二）で試みたものにも先んじている。

勾配のある大屋根か陸屋根かの違いがあるにせよ、正面ファサードは基本的にはオルブリッヒ邸のそれに似ている。共通の要素はやはり二層吹き抜けのリビングルームを明示するひときわ大きい開口部と、小階段のついたオーム型のエントランス・ポーチの二つが建物のステートメントを読み取るうえで重要な要素になっている。

グルッカート邸の場合は、一旦陸屋根を明示する繊細な軒蛇腹（cornice）によって切られた最上階のバレル・ヴォールトとエントランス・ポーチの

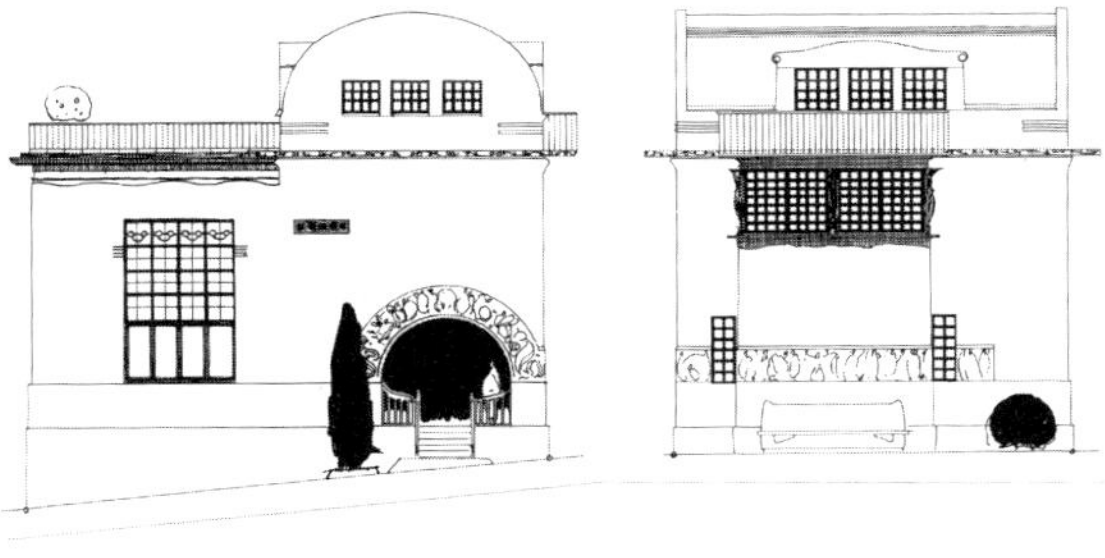
クライネス・グルッカート邸の立面図

半円形とが呼応して全体の読み取りをダイナミックにしている。

●ハービッヒ邸

この邸宅は、オルブリッヒの設計した招聘芸術家の一人、彫刻家のルードヴィヒ・ハービッヒの住まいである。

建物の佇まいは、オルブリッヒが芸術家たちの村で手がけた他の邸宅とやや趣を異にしているだけでなく、いかなるドイツの伝統的な住宅建築とも類似性を見つけるのは難しい。どこか彼が旅行中に出会って刻まれた地中海的な風景の原イメージの影響が垣間見える。

ハービッヒ邸の場合は、前述のグルッカート邸のように屋階に筒型のヴァレル・ヴォールトのようなペントハウスがあるわけでなく、全体が陸屋根で統一されており、最上階固有のルーフテラスがつくられている。このようなつくられ方についていえば、アドルフ・ロースのホーナー邸にしてもコルビュジエのクック邸（一九二六）にしても一九〇〇年にはまだつくられていない。ハービッヒ邸の陸屋根の水平の強調された深い庇は、一部ルーフテラスの部分のみ切れてパーゴラに変わっている。これによって、

ハービッヒ邸（一九〇〇）の外観

外から見て屋階に一部特別な環境がつくられていることを読み取ることができる。

ハービッヒ邸は、全体として安定したシンプルなキュービック・フォルムであることに違いはないが、やはり同時代のモダニストであるアドルフ・ロースの住宅の発するラディカルなステートメントとは異なるエレガンスが感ぜられる。しかしそれだけではなく、建物の大屋根をもって完結する伝統的なものとは異なる屋階の開放へと向かう新たな萌芽を見せている。伝統的な大屋根空間を利用したアティックでもなく、陸屋根に乗せたペントハウスでもないルーフテラス方式は、オルブリッヒのハービッヒ邸が最初かもしれない。

オルブリッヒの建築には、全体の明解さに加えて、プレ・モダニズムとしての同時代性を感じ取れる。庇一つとっても、単純な厚みのあるものではなく、丁寧に考え抜かれたディテールによってスケール感が生まれ、それによって水平性がはっきりと強調されている。他に基底部ペデスタルを強調するフリーズ（帯状装飾）は、水平性だけでなく建物全体の安定感をもたらす一方、それに対する垂直性ということでいえば、上下二層分を一

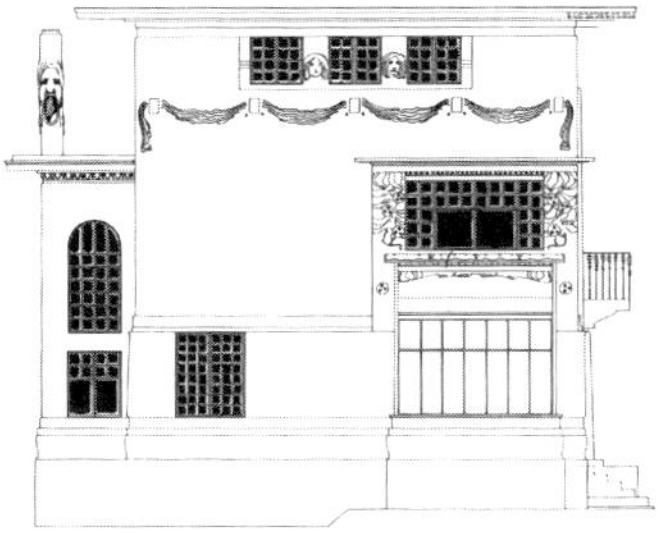

ハービッヒ邸の立面

つのスケールとして扱うデザイン手法が窺える。ハービッヒ邸の場合、正面玄関の入り口部分と二階の階段ホールとが一つのデザインとして語られているのがその一例である。その他北面では、彼のアトリエの傾斜する大きなガラスの採光窓と上階のバルコニー付きの開口部との巧みな結合による構成にもその意図が窺える。修辞的な部位の扱いによって、静かな佇まいでありながら、全体としてダイナミックな印象を与えているのが特徴といえる。

マチルデの丘に遺された「証跡の風景」とは何か

マチルデの丘に展開された芸術家たちの村全体の業績は、まさに近代建築史のモダニズムへ向かう重要な移行期の出来事として注目されるべきものであったといえよう。エルンスト・ルードヴィヒ大公は、時代が工業化へ向かうなか、いかにして英国のアーツ&クラフツ運動に始まるドイツのユーゲント・シュティールの芸術運動を育て上げるかに情熱を傾けた。そしてその目的として、これからの時代の新しい生活様式、新しい建築の可能性、高いレベルの革新的なデザインといったさまざまなことをいかに統合するかに深い関心を示していた。この新しい時代を見据えるエルンスト・ルードヴィヒ大公の期待に応えるべく、若きオルブリッヒは自らの職分として、短期間のうちに芸術家たちの村の中核となるルードヴィヒ大公館をはじめとして、招聘アーティストの住居の設計・室内のインテリア、そして家具デザインを見事にやってのけた。それは建築だけが成果品ではなく、新しい時代に相応しい人々の生活にはどのようなデザインに囲まれるべきかを、総合的に博覧会来訪者に示すことを意図したからである。したがって芸術家たちの村こそが、一九〇一年の第一回博覧会の最も重要な展示物であった。

このようにして、マチルデの丘の芸術家たちの村には、およそ第一回博覧会から第四回までにわたって、いままでにはなかった新しい建築様式の住宅や展示施設が展開されることとなった。

開設直後しばらくの間は財政的困難におちいることもあった。また残念ながらヨーロッパで起きた二度の大戦によって戦禍を被った住宅も多かっ

マチルダの丘で開催された第一回博覧会場のゲート（オルブリッヒ設計）（一九〇一）

た。幸い当初の原型に回復されたものもあれば、復旧時に改築を余儀なくされたものもあった。しかしそのような苦難のなか、今日まで開設当初の全体的調和を失うことなく、大切に遺された芸術家たちの村が訪れる者にある種の感慨を与えるのは何故なのか。それは、歴史的建造物をただ各地・各所から一箇所に集め「〇〇村」あるいは「〇〇ランド」と銘打つものとは違って、およそ百年を経てもなお現実に目にするルードヴィヒ大公とオルブリッヒの遺した芸術家たちの村が、アーティスト・イン・レジデンスという名のプレ・モダニズムの紛れもない「証跡の風景」であるからだろう。

おわりに

ヨゼフ・マリア・オルブリッヒは白血病を患って、一九〇八年に享年四十歳という若さで短い人生の終わりをとげた。デュッセルドルフの病院に入院すると、大病にもかかわらず、すぐにスケッチパッドを手にして仕事にとりかかったという。しかしその四日後には死を迎え、人々の深い悲しみに包まれて、ゆかり深いダルムシュタットの墓地に埋葬された。

オルブリッヒの死はモダーン・アートの世界にとって大きな損失である。ウィーンのアーティストといえばオルブリッヒ、これは誰もが口にするほどその存在を認めていたが、同様にダルムシュタットにおいてもその評価は高かった。彼は常に生来のエレガンスを感じさせ、常に人に好感を与え、そして生き生きとしたファンタジーの持ち主であったといってもよい。（筆者訳）

これは、『オルブリッヒの理念』を書いたウィーンの著作家でありジャーナリストでもあったルードヴィヒ・ヘヴェジが、死を悼んで述べた言葉である。

訃報はドイツ中に伝わった。特にダルムシュタットにはもともとオルブリッヒ礼讃の気風があり、彼の死は人々にとって衝撃的なものであったに違いない。追悼の集会はマチルデの丘で行われた。オルブリッヒが設計したルードヴィヒ大公の結婚記念館のウエディング・タワーからトランペットが鳴り響き、黒い喪服に月桂樹のリースをつけた九女神が、オーケストラの演奏するなか、タワーから降りてくるという荘厳な演出のうちに追悼の式典が行われたと記されている。

オルブリッヒの死は、彼の手がけたウィーンのセセッション館の完成からちょうど十年後のことであった。この間、多くの作品を遺したが、なかでもダルムシュタットの芸術家たちの村は、彼の作品だけでなく、ルードヴィヒ大公との息のあった連携のなかで七人の芸術家を中心とするコミュニティをつくり、そこを拠点にして新時代のアートの在り方を発信する博覧会を開催するなど、かつてドイツの一地方都市でしかなかったダルムシュタットをユーゲント・シュティールのメッカ（中心地）にまで高めた功績が大きい。マチルデの丘を飾る芸術家たちの村は、現在ダルムシュタットの文化財に指定され、当時の風景を忍ばせつついまも人々の住む街としてそのまま保存されている。オルブリッヒの設計した芸術家たちの住宅のうちすでに取り壊されたものもあるが、二度の戦禍に耐え、また修復を経て今日まで残る貴重な住宅もある。時を経て住人の代替わりがあっても建物は原形を保ち、それ等は芸術家たちの村の歴史と記憶を宿して今日にいたっている。

振り返ってオルブリッヒがウィーンで過ごした時代は、皇帝都市の誇り高い地位と名声をえた建築家たち、なかでも有名なリング・シュトラッセ計画の名で知られる環状道路沿いに並ぶ記念碑的な建物を手がけた建築家たちが主役の時代であった。そのような状況のなか、オットー・ワーグナーは「建築（芸術）は必要にのみ従う」と説き、機能性、合理性を重視する近代建築の理念を表明し、当時支配的であった旧体制派の歴史主義に対抗したのであった。

オルブリッヒは、そのオットー・ワーグナーの目に留まることになった。何回かの出入りはあったものの、六年間彼の事務所で実務を通して存分に力を発揮した。それは逆に見ればオットー・ワーグナーが天性の才能を見抜いていたからであろう。オットー・ワーグナーとの出会いはのちに彼が、ウィーンの旧体制派の世紀末建築と訣別して、新たに立ち上げられたウィーン分離派（セセッション）設立の立役者の一人となるきっかけでもあった。しかしすべてが上手くいくというわけではなく、設立当初、同僚の一人でもあったアドルフ・ロースとは「建築と装飾」の問題をめぐって意見の対

ルードヴィヒ大公の結婚を記念するウェディング・タワー（一九〇五－〇八）

立があった。それはやがてロースのウィーン分離派からの離脱を招くことになる。

そんなオルブリッヒのときとして表れる純粋なラディカリズムは、ウィーン時代においてもダルムシュタット時代においても、いろいろと批判を受けることはあったが、一方、特にパリの万国博覧会（一九〇〇）においては高い評価を得て国内外の知名度をあげることになった。

このように建築家オルブリッヒの生涯の軌跡を辿ると、まずオットー・ワーグナーという偉大な師に出会えたことと、新しい時代をつくろうとした啓蒙思想家のルードヴィヒ大公によるダルムシュタットへの招聘、そして大公の考える「芸術家たちの村」の実現に建築家として最大限の功績を残したことがあげられる。それは四十年という短くも濃密な生涯であった。

オルブリッヒの遺したものは、はたして何であったのか。それは第一にユーゲント・シュティールという新たな芸術運動の台頭の機をのがさず、ルードヴィヒ大公とともに、ダルムシュタットのマチルダの丘に芸術家たちの村をつくったことであろう。それも大公のアーティスト・イン・レジデンスという構想を実現したことである。オルブリッヒは、大公に招聘さ

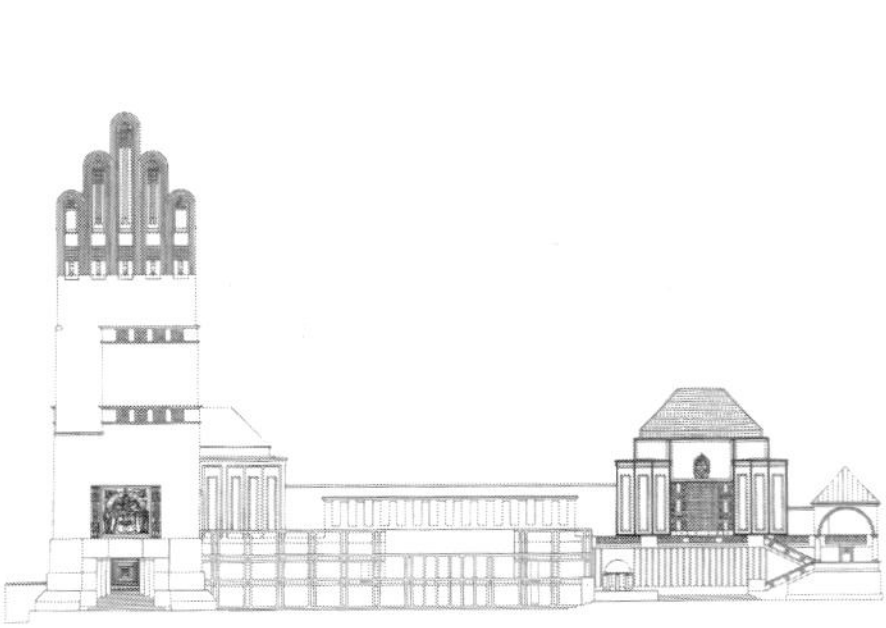

オルブリッヒ設計の第一回博覧会展示会場とウェディング・タワー

れた芸術家たちの住居を設計するに際して、それまでの疑似古典主義様式から脱するだけではなく、ウィーン分離派の主張する「建築と装飾の統合」を通して新しい時代の目指すべき方向の一つを示したといえる。それらは単なる地域性を反映したヴァナキュラー・モダンに終わるものではなく、世紀転換期のプレ・モダニズムとして一歩踏み込んだものが示されたといってよいだろう。

ル・コルビュジエの遺したサヴォワ邸（Villa Savoye, 1931）

第3章

ル・コルビュジエの遺したヴィラ・サヴォワ

第一章で「シャルル＝エドゥワール・ジャンヌレの残した二つのヴィラと二つのスケッチ」と題して、彼の残した作品が予兆としてのモダニズムへの「胚芽」であり「萌芽」であることを論じた。二つのヴィラというのは、ヴィラ・ファァレとヴィラ・シュウォブであり、そして二枚のスケッチとは、「連合芸術家たちのアトリエ」のために描かれたものである。いうまでもなく、シャルル＝エドゥアール・ジャンヌレ＝グリとは、コルビュジエの本名であり、同一人物である。筆者があえてあたかも別人であるかのように扱ったのには理由がある。「近代建築の父」といわれ、モダニズム建築を牽引したル・コルビュジエと、若くして非凡なる才能を発揮した

建築家ル・コルビュジエ（一八八七－一九六五）

シャルル＝エドゥアール・ジャンヌレとの間に改めて確認しなければならない不連続的連続性が存在するからだ。

建築家を志した者であれば、ル・コルビュジエの一九三一年に造られたヴィラ・サヴォワの存在を知らない人はいない。これまで幾度か世界各地でコルビュジエ展が開かれるたびに出版物等を通して紹介され、どれだけ多くの評論家や建築家がこの作品について語り、コルビュジエ論を書き残したかわからない。没後半世紀を過ぎた今日でも、二〇世紀建築の頂点を究めた作品としてその名声が衰えることはなく、あたかもモダニズム建築のイコンとして存在し続けているといってよい。この機会に、いまやフランスの国家的モニュメントに指定されたヴィラ・サヴォワが、どのような歴史をたどってきたかを振り返りつつ、この建築の本質に迫ることにする。

時代を生きのびるヴィラ・サヴォワ

保険会社を経営する実業家であった建て主のピエール・サヴォワ夫妻が、夏期を過ごす別荘としてつくられたヴィラ・サヴォワの辿った道は必ずし

ル・コルビュジエ設計のサヴォワ邸（一九三一）

も平穏なものではなかった。なぜなら、サヴォワ夫妻にとって、このカントリー・ヴィラは必ずしも住み心地の良いものではなかったため、一九三八年以降はほとんど使われなくなったからだ。そして第二次大戦中にはドイツ軍に徴用され、戦後は同盟軍によって使用された。七ヘクタールに及ぶ広大な敷地の一画に教育施設を建設するという計画を巡って地元のポワシー議会が敷地と建物を接収するかどうかを議論することもあった。取り壊しが議論されることすらあった。このような状況に対して、フランス以外の国々、特にイギリス、アメリカからヴィラの保存をめぐって多くの声が寄せられた。国際建築家協会の働きかけもあって、当時フランス政府の文化大臣を務めていた作家アンドレ・マルロー[*1]が、保存を強く主張したことによって取り壊しは回避され、一九六四年にヴィラ・サヴォワは保存すべき国家遺産に指定されるにいたる。いみじくもこの決定には、これまでの懸念を一気に払拭する快挙として世界から賞賛の声が返ってきた。その後ヴィラ・サヴォワは通算三回の修復を経て今日にいたっている。フランスの歴史遺産に決まったのは、コルビュジエの死の四か月前であったが、二〇一一年には世界遺産に登録された事は記憶に新しい。

背面から見たサヴォワ邸

一九八五年から始められた第二回目の修復工事は一九九三年に終り、その後国家的モニュメントとして一般に公開されるようになった。それ以来、待ちわびていた多くの見学者が、年間三万人ほど訪れるようになった。多くは建築家や建築を学ぶ学生であり、全体の四分の三はフランス以外の国籍の人たちであるといわれている。

筆者は、第二回目の修復が開始される一九八五年に偶然パリに滞在していた。好運にも作業が着手される直前のヴィラ・サヴォワを訪れ、見学を許されたことがあった。

広い敷地のなかに静かに佇むヴィラは、生前コルビュジエが語ったように「風景のただ中にオブジェのように地上におかれた家」そのものに違いはなかった。しかし建物まわりの様子は雑草が蔓延《はびこ》り、広い敷地のなかに管理人ひとりの姿しか見かけない風景は、シュールレアリズムの絵画を見ているようでもあった。サヴォワ邸の内部は、主なき廃墟とはいえないまでも、空き家特有の生気の失われた寂寥感が全体を覆っていたのをおぼえている。自分の知りえた知識をたよりに、サヴォワ夫妻が別荘として過していた生活を追想しながら建物を一巡した。それはそれで感慨深いものであったが、当然のことながら早く修復が終わり、当初の姿に戻されたサヴォワ邸をみたいと思った。

すでに第一回目の修復が一九六三年から六七年にかけて行われていたが、フランス政府・国家遺産管理局に修復担当を指名された建築家は、コルビュジエによる大きな変更の起こる事のないように、彼の現場視察を許したものの、修復計画に参加することを拒んだといわれている。民間人の建物とはいえ、一旦国指定のモニュメントとなった以上、修復はあくまでも原型保全の原則に徹する事が求められていたのだろう。建築の自律性と、コルビュジエが唱えた「近代建築の五原則」の理念の結晶化された、このシンボリックな近代建築以上に見事なモニュメントはない。そして、これから述べる一連の「回想のポシエ」という視点で眺めたとき、今日そこに「遺された証跡の風景」として映るものは何なのか、それを明らかにするのが一つのねらいである。後日、幸いにも完全修復なったサヴォワ邸を再び見る機会があったので、後段の著述は、それに基づいて書いている。

アーバン・オテルから
アーバン・ヴィラへ

一七世紀に起源を持つ都市貴族のための「都市邸館」としての「アーバン・オテル」が、バロックからロココ、さらにネオ・クラシカルと幾つかの変革を経て「アーバン・ヴィラ」となり、二〇世紀初頭の「独立した単体としての建築」という「パヴィリオン建築」につながることは、かつて拙書で述べたことがある。サヴォワ邸をこの歴史的文脈のなかで眺めると、コルビュジエが過去の一切の歴史的な伝統様式と訣別し、人の住まいを「住むためのマシン」とまで言い切ったことが考えるべきこととしてみえてくる。他に彼の説いた「建築の自律性」、デザインとして幾何学的形態と表層の「抽象性」の追求は、すでにクロード・ニコラ・ルドゥーやルイ・ブーレが一八世紀半ばから疑似古典主義様式を脱するものとして展開していたことである。その意味において、コルビュジエのサヴォワ邸に代表される近代建築は、革命的であったというよりも、進化発展的なものとして捉えることもできる。即ちルドゥーやブーレが二〇世紀の近代建築の先駆者としてみなされてもよい。そのうえで、近代建築を牽引したコルビュジエが遺したサヴォワ邸から見えてくるものとは何なのかを考えてみたい。

回想のなかのポシェ

都市・建築を語るなかで、いまはほとんど聞かれなくなったものの一つに「ポシェ」という言葉がある。記憶のどこかに残っているこの言葉は、一七世紀に始まるパリの美術学校エコール・デ・ボザールで使われた用語である。モダニズムの出現とともに顧みられなくなったという意味において、その理解には二重のむずかしさがある。それは、言葉としての馴染みなさと、その含意するものとの歴史的な隔たりである。

本来それはフランス語で「ポケット」を意味する。しかし本書に関わる概念としての「ポシェ」は、フランス語の「pocher」「〈落とし卵にする〉あるいは〈早くスケッチする〉、〈人の目を殴って黒あざをつくる〉」という多様な意味を表す動詞からきており、建築においては、本来の名詞のポケットの意味と無関係ではないが、建築空間の読み取りをし易くするために、建物の外郭あるいは分厚い壁を黒く塗りつぶしたり、斜線（ハッチ）を入れる一種の輪郭描法を指す言葉として使われるようになった。図面が手によって描かれた時代から、コンピューターを使って処理される今日の状況を考えれば、もはや死語に近いとみなされても不思議ではない。しかし考えてみると、建築家は依然としてこの手法を使ってイメージを表現することが多い。そして「ポシエ」は表現技法以上の意味をもって、過去の回想のなかに存在する言葉である。

一人の建築家の残した一枚のスケッチがある。それはパリの有名なヴァンドーム広場を一つの都市空間として捉えようとしたものであろう。ちょうどそれは、建物の大空間を支える厚い壁を、ポシエとして黒く示したように、広場を取り囲むまわりの建物に斜線を入れ、全体をアーバン・ポシエとして描いたものである。その建築家とは、当時ボザールから何かにつけて攻撃の標的にされていた近代建築の巨匠ル・コルビュジエであった。

ボザールの教育で同じように使われていた「パルティ（parti）」と、「クリシェ（cliche）」という言葉は、いまなお建築批評や美術評論の世界で使

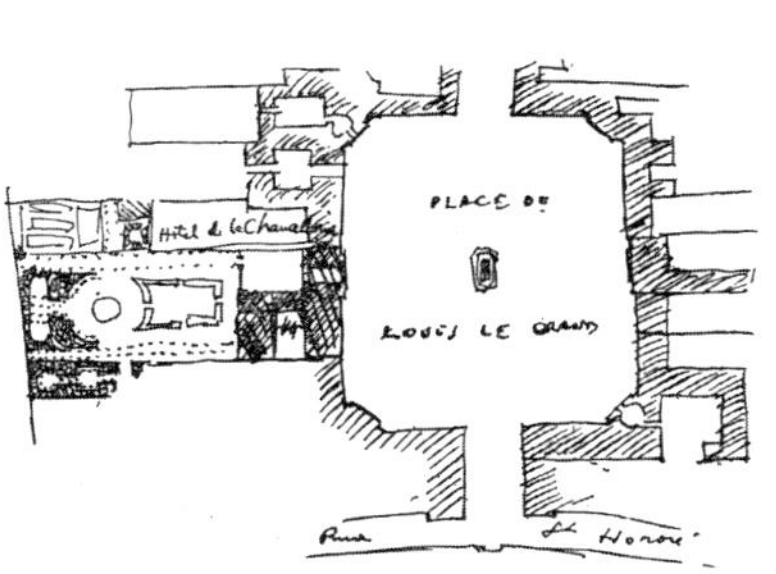

ル・コルビュジエのスケッチ。アーバン・ポシェとして描かれたパリのヴァンドーム広場

われている。「パルティ」は、ポシエの場合と同じように、日常のフランス語の意味と少し違って、物事の「方策」あるいは「基本方針を決める」という意味で使われる。それに対して「クリシエ」は、語義の「きまり文句」、「型どおり」から転じて思考の常套化を意味する。前者は肯定的な、後者はおのずから否定的な発話や記述のなかに出てくる。これらは、二〇世紀のはじめ、ボザール帰りの建築家によってアメリカン・ボザール様式が生まれたように、当時のアメリカの建築教育をリードした名門大学の教授たちが好んで使った言葉といわれる。我が国の建築教育や実務の世界で馴染みないものであったにしても、欧米諸国では建築批評の基本用語としていまなお普通に使われており、必ずしも死語となっているわけではない。

それに対して「ポシエ」は、もはや古典的語彙として疎んじられてから久しい。しかし一九六〇年代後半からこの言葉が再びとり上げられるようになった。それは何故なのか。そして、どのような観点から着目されるようになったのか。

ポシェとはモダニズム建築を解く鍵であるのか

モダニズムという言葉が、歴史家のいうように過去の価値観や権威の否定もしくは決別を意味するものであるとするならば、二〇世紀初頭に起きた建築と都市の変革を、いまあらたに「反転の諸相」としてとらえ、それを読み解く手掛かりの一つに「ポシエ」をとり上げるのは決して偶然の思いつきではない。

事実、二〇世紀の後半、この言葉は、死語の復活というよりは蘇生として表に出てきた。それは一九六〇年代の半ばに、建築家ロバート・ヴェンチューリ[2]が著した『建築における多様性と対立性』のなかにあった。建築の空間事象を読みとる一つの有効な鍵として、ヴェンチューリは「ポシエ」に着目した。この著作については、同時代のアメリカの評論家ヴィンセント・スカリー[3]が、一九二三年にル・コルビュジエの著した『建築を目指して』が世に出て以来の最も重要な書物であるとその意義をとらえ絶賛している。事実この著作は、彼の明解な論理と絶妙な語彙（ターミノロジ

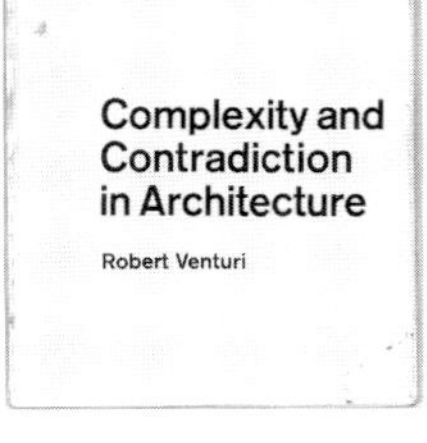

ロバート・ヴェンチューリの著書『建築の多様性と対立性』の表紙

ー）をもって近代建築批判に迫る名著といってよい。そのきっかけの一つとなったのが「ポシェ」であった。

ヴェンチューリは、古代ローマ建築や近世バロック建築に見られる、空間を規定する壁体部分に着目しつつ、同時に「都市とは、明確に限定された媒体空間の形態として考えられるべきだ」と逆説的に語ったアルド・ヴァン・アイク[4]の考え方をとり上げた。この媒体空間を伝統的な「ポシェ」に対する新しい「オープン・ポシェ」と名付けることも可能であろうといって、ポシェの再認識を試みた。

それを受けて、コーリン・ロウ[5]は彼の代表的な都市論である『コラージュ・シティ』のなかで、ヴェンチューリの新たな発見に触れて、「われわれはこの言葉を忘れていたか、せいぜい廃盤カタログに突っ込んでおいたままだった。そして最近になってロバート・ヴェンチューリによって、その有用性を教えられた」と述べた。逆に近代建築の都市との関係喪失を指摘するうえで、「アーバン・ポシェ」という都市を読みとる一つの鍵概念を明らかにした。さらに彼は著書のなかで、都市は建築という「構築化されたソリッド」によって実体化されるのと同じように、広場や街路という

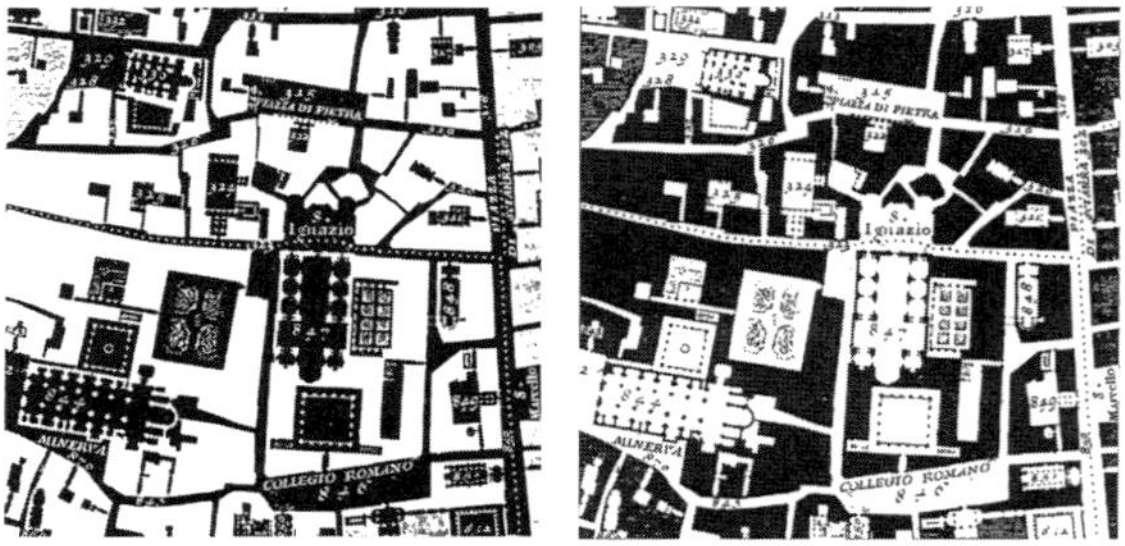

ノリのバロック・ローマの地図に対する地と図の反転のパターン（コーリン・ロウの著書より）

「構築化されたボイド」によって組織化されるという観点から、歴史都市と近代都市の本質的な違いについて触れている。それはヴェンチューリによる「ポシェ」の再発見と再評価によるものであったのである。それではそもそも歴史的にみて「ポシェ」とはどのようなものであったのか、幾つかの観点から論じることにする。

エコール・デ・ボザールと「ポシェ」

エコール・デ・ボザールは、一七世紀に端を発するフランス王立アカデミーが、フランス革命（一七八九）後のナポレオン一世の登場そして失脚、王制復古と、政治体制の変転するなかで、一九世紀の初め、絵画、彫刻、建築を統合して近代の美術学校に生まれかわったものである。長きにわたって継承されてきたギリシャ・ローマの古典主義建築を規範としたアカデミズムは、市民革命を経て新時代をむかえた後も、その真正なる地位を保ちつづけてきた。しかし、二〇世紀はじめ、ル・コルビュジエを筆頭とするモダニズム派のアヴァンギャルドからのはげしい攻撃にこそ耐えたものの、半世紀後の一九六八年のパリ五月革命[6]を契機に教育制度そのものに対する批判と改革の声が強まり、ついに解体せざるをえなかった。それまで「ポシエ」という言葉によって引き継がれたボザール特有の表現技法と形式主義が、時代性を失う運命となった。

最初に触れたように、「ポシエ」という言葉は、エコール・デ・ボザールというアカデミーでしか使われなかった特殊用語であった。具体的には、特に平面のレンダリングで建物の厚い壁体部分、つまり空間に対して残余の部分を黒く塗りつぶす輪郭描法のことである。このこと自体はきめられた技法にすぎないが、これを前提とする空間認識という点でいえば、建築の三次元的なボリュームのデザインを、二次元の抽象を通して読み取ることであり、表現することであった。

一方、建築で使われる「ポシエ」をさらに厳密に定義すると、それはすでにふれたように建物の空間として認識できる部分以外の部分、つまり構造として存在する部分を黒く塗りつぶす技法である。この表現自体はすでにルネッサンスの時代に遡る。そのわかりやすいものとして一六世紀にサン・ピエトロ大聖堂の設計にあたったブラマンテや、そのあとを引き継いだミケランジェロが描いた概略図が代表例の一つとしてあげられる。

かつてブルーノ・ゼビ[7]が「ローマのサン・ピエトロは、ダンテの『神曲』と同じくらい複雑な作品である」と評したとされるが、サン・ピエトロ大聖堂は何人もの建築家が登場して連綿と続く一つの物語である。現在の大聖堂本体はミケランジェロの案によっているが、それは最初に教皇ユリウス二世の命を受けてブラマンテ[8]が設計したギリシャ様式の十字形プランの原案（一五〇六）を活かしてつくったものである。いま輪郭描法のスケッチで示されたものを比較してみると、二人の建築家が意図した空間の質やスケールの違いがよく伝わってくる。ふたつとも集中形式の聖堂設計であるが、ブラマンテのものは空間にヒエラルヒーがあって、聖堂としての普遍性を生み出そうとしたように見える。それに対して規模縮小があったとはいえ、ミケランジェロは単純な空間構成と力強い造形性によって、カトリック大聖堂としてその頂点に迫ろうとしたように見える。いずれにしても、きわめて物質的なもののなかに宗教建築の本質を探し求めようとした二人の建築家の意欲が、このポシェによって表現されていることがよくわかる。

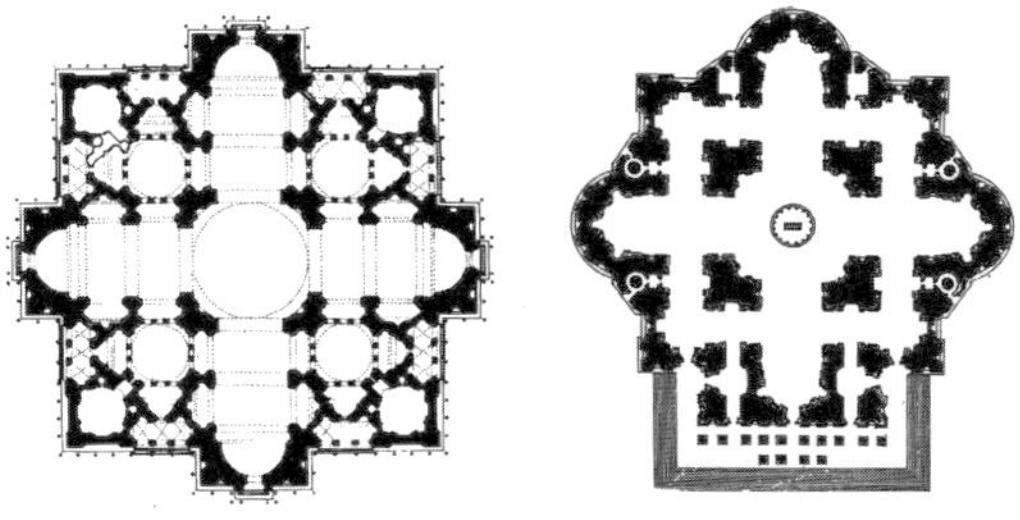

サン・ピエトロ大聖堂の計画案。ミケランジェロ（右）とブラマンテ

次にエコール・デ・ボザールと「ポシエ」を語るうえで見逃せないのが、ローマ大賞の作品である。ボザール教育の真髄として、アトリエ制とローマ大賞がある。特に学生たちがディプロマをかけて競いあったこの大賞は、イタリア・ローマで研究をおこなう全額給付の奨学金制度でもあり、受賞者は後世までその栄誉とともに建築家として地位が保証されるほど権威あるものであった。

一九七五年にニューヨークの近代美術館で開催された「エコール・デ・ボザール建築展」は、フランスでもめったに見られない図面・資料が公開されたいへんな反響を呼んだことで知られている。そのうちの一つに一八九七年の大賞の作品がある。これは一瞥してわかるように、「ポシエ」による完璧なレンダリングといえよう。興味あることは、グランプリ作品の評価基準である。それはまず「parti（基本方針と明確なコンセプト）」であり次に「marche（動きから見た空間構成と導線計画）」、そして空間イメージを視覚化するポシエ「poche」の有効性であったという。「ポシエ」によって基本概念が伝わり、イメージされる空間が真に質の高いものであるかどうかが評価基準であった。この「ボザール建築展」の開催に、キュレータ

エコール・デ・ボザール本館

ーとして貢献したデイヴット・ヴァン・ツァンテンが、たいへん興味ある解説を残している。

即ち「「ポシェ」は、本来かたちある空間以外の残余部分をポジティブ・エレメントとして黒く表現することであるが、実は一つの場所が欲している空間を形づくるためにそれ自身のパワーをもってまわりを浸食し、形ある残余部分をつくっていると考えることができる。その場合ポジティブなものは空間であり、ネガティブなものは構造体としてのマスである。だからこそ「ポシェ」は自らをポジティブと見せかけ、実は「空《くう》なるポケット」をかたちづくる力であるし、また同様に逆の関係もある（筆者要約）」。

かつて建築家ルイス・カーン[9]が語った話が思い出される。

彼は、「どのような空間でも、それ自体何になりたがっているのか、常にその意思を示している。だからオーディトリウムは、「ストラディバリウス（イタリア製のバイオリンの名器）」であるか「耳」であるかのどちらかだ」と語り、空間とは内在する意志が具現化されたものでなければならないことを啓示した。

ルイス・カーンは、一枚の平面図をいつでも見られるように自分の机の

エコール・デ・ボザールのローマ大賞受賞作品の一つ（一八九七）

近くに貼っていた。それは、大変歴史の古いスコットランドのコムロンガン城の平面図で、城の分厚い壁がポシェとして黒く塗られ、それ以外が形質の明瞭な空間（ボイド）であった。

カーンは、特にこの昆虫の巣か迷路かを想わせる空間と、一続きの「円」や「三角」や「四角」のプライマリーな形に惹かれ、イメージを触発する原形質として眺めていたといわれる。内在するシーズがみずからマスを浸食して形ある空間を生成するプロセスを想像したのであろう。その意味でいえば、エジプトの有名なギザのクフ王のピラミッドは、わずかの墳墓空間に対して世界一巨大なポシェとして存在しているといってもよい。

「図」と「地」

「ポシェ」はゲシュタルト心理学[10]で明らかにされている「図」と「地」の知覚認識と深いつながりがあることは論をまたない。

「物」または「図」を識別するためには何らかの「地」または「背景」となるものが必要であり、また一方で知覚という行為には、閉じた「視覚の

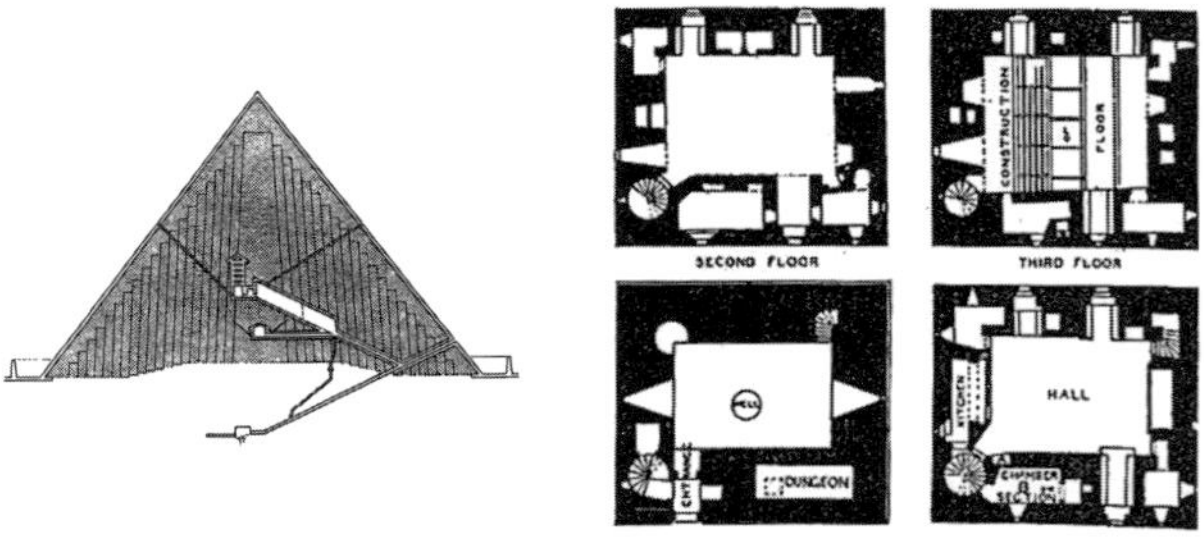

スコットランド・コムロンガン城の平面図（右）と、クフ王のピラミッドと内部の墳墓空間

領域」が前提となる。このことは、領域つまり「地」の認識は「図」の認識に先行することを意味している。

どのような場合でも、われわれの着目するポジティブ・エレメントとしての「図」は、それに対する背景としての「地」なくしては存在しえない。それゆえに、「図」と「地」は、ちょうど「ソリッド」と「ヴォイド」という要素が相互規定の関係で建築そのものを、そしてその建築が都市の実体を構成するのと同じである。

大学で形式論理学をはじめて学んだ人は、教師が板書したくだりで一度聞いたらかならず記憶にのこる言葉がある。それは、「「A」は「非A」ではない」という単純明快な論理である。考えれば、これは否定の否定であり、「A」を証明するロジックとして疑問に思う余地がない。「……でない」つまり「not...」が、これほど言語のなかで重要な意味を持つことを知る瞬間はない。これは図を使って説明することもできる。一つのことを周囲のことから区別するためには、それ自身が背景でないことを示せばよい。したがって、「図」と「地」の関係は、この「「A」は「非A」ではない」という論理を、「「図」は「非図」にあらず」即ち背景ではないというポシ

ゲシュタルト心理学で使われる有名な「ルビンの壺」

エの論理に読みかえることが可能である。このことを示すゲシュタルト理論の有名なものに「ルビンの壺」がある。

地図は三次元空間を二次元情報によってあらわしたものである。人が時空を超えて自由に旅することができるのが、地図のもう一つの魅力である。一七四八年にノリの描いたバロック・ローマの地図に目をやるとき、見れば見るほど不思議な空間に引き込まれていく。それは何故だろうか。ノリの地図は、読みとりの楽しさを与えてくれる。白と黒（ハッチ）だけで示されているもののなかで、何をポジティブ・エレメントと認識するかによって、「地」と「図」の関係が逆転することに気付く。「建物」が街路や広場を規定するポジティブな「図」として見える一方、あるときは教会や聖堂の内部が外部空間の延長部分のように見えることに気付くと、逆にパブリックなオープン・スペースである「街路」や「広場」や「コートヤード」がポジティブな「図」として見えてくる。事実ヨーロッパの都市では、教会の内部はいつでも誰もが祈りを捧げることができる。よそからの訪問者であっても同じである。また主要な公共建築の中庭や庭園は原則市民に開放されている。そのように考えれば、都市の公共空間は、街路や広場だけ

ノリによって描かれたバロック・ローマの地図（一七八四）
「密」のなかの「疎」

ではない。見方によっては、実は大変な数の建物内部がセミ・パブリックな場所であることをノリの地図[11]は教えてくれる。このように、「図」と「地」が交互に変動する現象は、読み取りの二重性を表すものであるが、見方を変えれば「都市」を理解することは、状況をいかに認識するかによって変わることを示している。

　ノリの地図の公的領域の読み取りとして建物がいかに重要な役割を果たしているかを教えてくれるだけでなく、その建物の内部を含めて一つの都市組織が成立していることを気付かせる。この一八世紀につくられた地図は、現代のわれわれだけではなく、バロック・ローマに生きた人たちにとっても新たなローマの再発見につながる地図であったに違いない。都市全体のなかで建物自体が一種の「ポシェ」となって周囲の空間の読み取りを助ける。これがコーリン・ロウのいう「アーバン・ポシェ」である。歴史的都市の読み取りには、このアーバン・ポシェが鍵であるのに対して、近代建築による都市では、このアーバン・ポシェが消滅し、自律する単体としての建築だけが存在する。

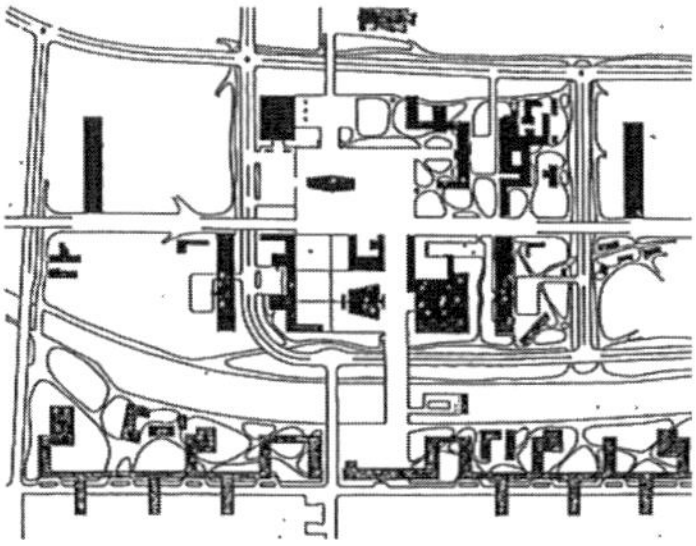

ル・コルビュジエの「サン・ディエ計画」。「疎」のなかの「密」

ヴィラ・サヴォワにみる反転

いまここでは、コルビュジエのサヴォワ邸の空間論、形態論を試みるのが目的ではない。このシンボリックな近代建築を、一連の「回想のポシエ」というテーマのなかで眺めたとき、あらためて何が見えてくるのか、それを明らかにするのがねらいである。

一七世紀に起源を持つ「都市建築」としての「アーバン・オテル」が、幾つかの変革を経て「アーバン・ヴィラ」となり、二〇世紀初頭のパヴィリオン建築につながることはすでに述べた。いまサヴォワ邸をこの歴史的文脈のなかで眺めたとき、コルビュジエは過去の伝統建築と訣別し「住むためのマシン」を唱道しえたとしても、実はそれは必ずしも革命的なものではなく、むしろ不連続性のなかの進化発展的なものではないかという仮説をたて、そのことを「ポシエ」の概念を通して解き明かしたい。

コルビュジエの一九二〇年代は、彼の生涯のなかで最も多くの住宅を設計し作品を残した時代であった。また一方で、画家オザンファン[12]とともに雑誌「エスプリ・ヌーヴォー（新精神）」を立ち上げ、創刊号以来連載し続けた記事を後日『建築を目指して』と題して初出版した。その後、この本が版を重ねるだけでなく、一九二四年には『ユルバニズム』、一九二五年には『今日の装飾芸術』、一九二八年には『一つの家屋＝一つの宮殿』をエスプリヌーヴォー叢書として出版し、精力的な執筆活動を展開していた。デザインの世界とポレミックな世界を、建築家として理論家として他に追随を許さぬ勢いをもって生き抜き、若きコルビュジエの名を世界に知らしめた時代であった。彼がまさに三十代のときだ。

一九二八年から三〇年にかけてつくられたヴィラ・サヴォワは、最初からオテルでもメゾンでもなく「ヴィラ」と名付けられているとおり、ポワシーの保険業を営むピエール・サヴォア夫妻のためにパリ郊外に建てた別荘（ヴィラ）である。このヴィラ・サヴォワは、彼の作品暦のなかのハイライトのイメージが強いが、実はそれに先立って一九二三年にラ・ロッシュ＝ジャンヌレ邸、二八年には、スタイン・ド・モンジー邸（ヴィラ・ガルシエ）が建てられており、それぞれ歴史に残る名作であることはよく知られている。さらにいえば、伝統的なインフィル・タイプの都市住宅として、一九二七年にプラネスク邸、クック邸が、サヴォワ邸より前に完成している。このようにコルビュジエは、一九二〇年代の十年間に、パリとその近郊だけでも十軒に近い住宅の設計を手がけた。

一九八七年にエール大学出版会から出されたティム・ベントンの『コルビュジエのヴィラ』と題するドキュメントによれば、この期間は住宅のプロジェクトが途切れることなく、また住宅以外の建物、例えば救世軍難民院（一九二九〜三三）やワイゼンホフ・ジードルングのハウジングなどを含めて精力的に仕事をしていたことが詳しく報告されている。一連の住宅だけで、設計料が当時の金額で七五万フランほどあったと記されているのは興味深い。

サヴォワ邸の他に、文字どおり一つの住宅としてこれ以上「独立した単体建築」を代表する珠玉の作品はない。そして、この建築を読み解くのに、コルビュジエが掲げた「新しい建築の五つの原則」をもって明快に説明しつくせる建築も他にない。

一方、コルビュジエの住宅について知っておかなければならないのは、彼はサヴォワ邸やスタイン・ド・モンジー邸のようなヴィラを手がける一方、すでに触れた伝統的な街路型のインフィル・メゾンを丁寧につくって

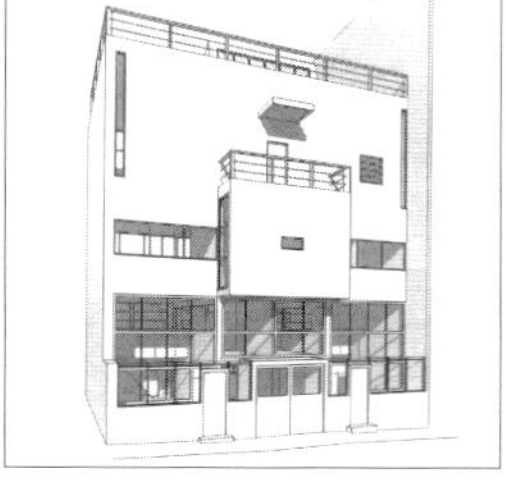

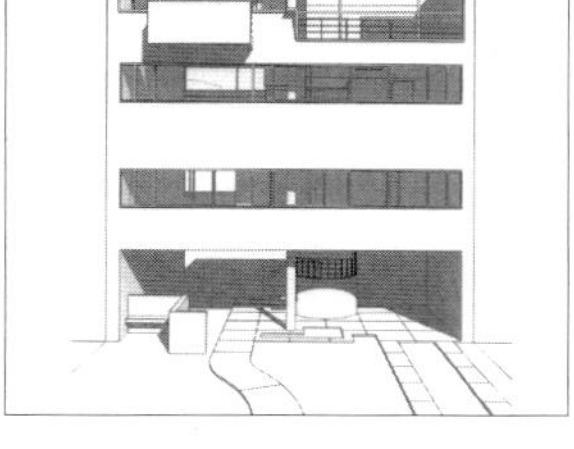

右から順にコルビュジエ設計のプラネスク邸（一九二四）、クック邸（一九二六）、【次ページ】スタイン・ド・モンジー邸（一九二八）

いたことである。彼の建物の場合、作品集でもわかるとおり周辺環境を含め敷地状況の詳しくわかるものは、ほんのわずかである。例えば、ラ・ロッシュ＝ジャンヌレ邸では、実際に見た人は別として図面だけではアプローチと敷地奥の道路の状況がよくわからない。最近ではインターネットのグーグル情報で簡単に現況がわかるものの、建設当時の様子は知る由もない。彼の建築は、つくられた当時の敷地状況が不明のまま理解してしまうことが多い。しかし実は、コルビュジエほど現実の諸条件を適確に読みとったうえで、巧みに建物を敷地に適合させる技をもつ建築家はいない。例えばクック邸は、既成市街地の限られた敷地のなかでつくられたアーバン・ヴィラでありながら、設計の基本に彼のいう「近代建築の五原則」が見事に展開されている。五原則については、次に詳しく述べるが、この原則の展開には敷地の大きさには関係ないことを証明している。

一方同じコルビュジエがつくったサヴォワ邸は、それとは対極の建物と考えられがちである。たしかに敷地の大きさからみてもクック邸とは比較にならないほど配置計画上の自由度は無限にちかい。

そこでいま一つの比較論として、実在した具体的な建物について、平面

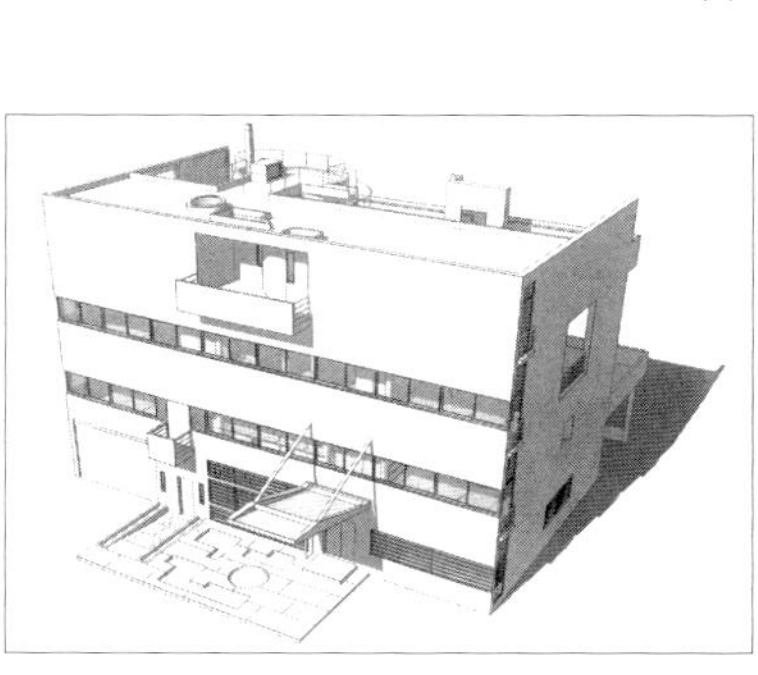

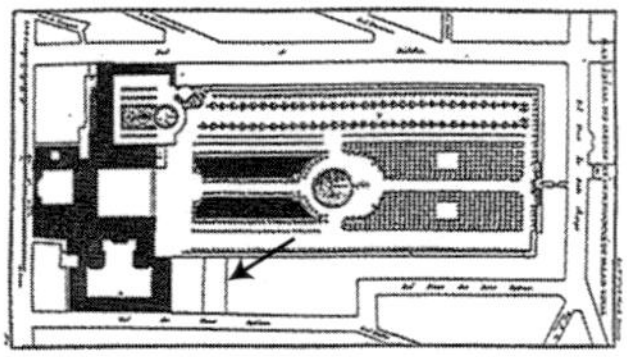

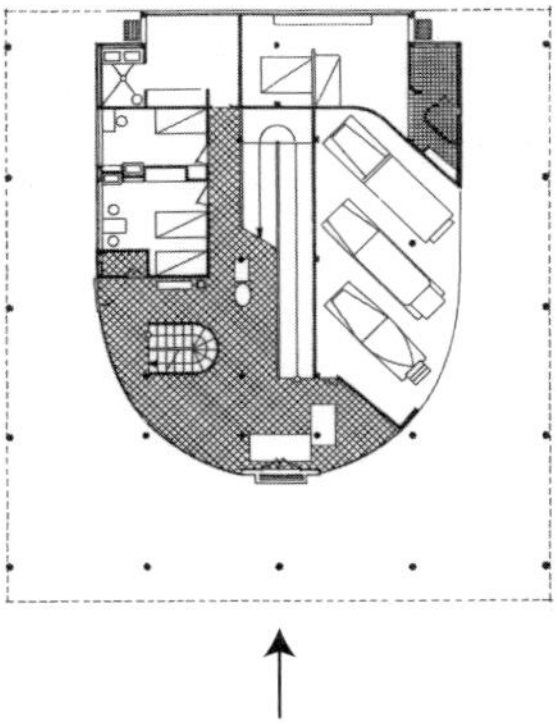

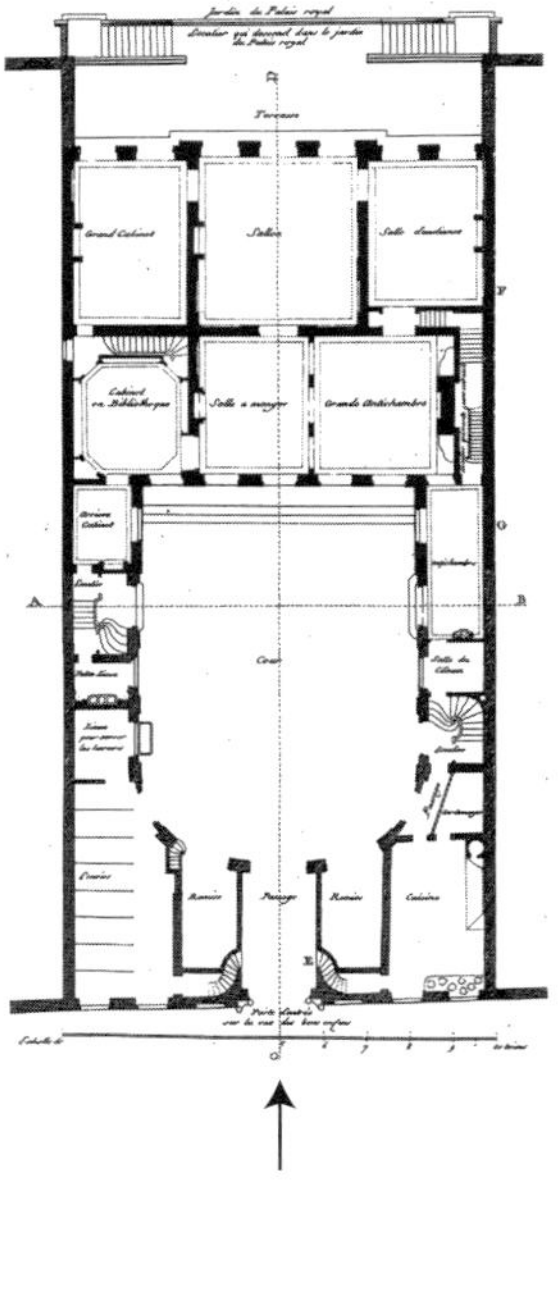

サヴォワ邸とオテル・ド・アルジャンソンの「ポシェ」を鍵概念として比較対照。パレ・ロワイアルの中庭を囲むオテルの一画にオテル・ド・アルジャンソンがある（右上）。右下はオテル・ド・アルジャンソンの一階平面図。左はサヴォワ邸の航空写真と一階平面図

でも空間でもない「ポシェ」という鍵概念を基礎として建築をどのように読み取るかを試みよう。

ここに事例として、一八世紀初頭の典型的なロココ・オテルといわれるオテル・ド・アルジャンソン（一七〇四）と二〇世紀初頭のコルビジュエのヴィラ・サヴォワの対比を試みる。端的にいって、この二つが互いに「ソリッド／ボイド」の「相互反転」の関係にあることに気付くのに時間はかからない。両者とも延べ面積がほとんど同じであると同時に、共に二層のヴィラである。

サヴォワ邸は、パリ近郊の広い敷地に舞い降りたように建つ「代表的な独立した単体建築」であり、明らかにフィールドのなかに「構築されたソリッド」として存在している。言い換えれば、十分なオープン・スペースのなかの独立した単体建築である。それに対してオテル・ド・アルジャンソンは、パレ・ロワイアル[13]の庭園に面し両サイドを共有境界壁で限られている。このことに関していえば、パリの既成市街地のインフィル・タイプの敷地に建てられた、車寄せこそないが前述のクック邸のメゾンと同じである。主館が車寄せのコートヤードを介して街路につながる典型的な都市邸館（アーヴァン・オテル）であり、「構築されたボイド」としてのアイデンティティが高い。

サヴォワ邸の場合は俯瞰写真でわかるように、実はフィールドといっても、一続きの木立によって柔らかく区画されたエリアのなかに端然と据わっている。言い方を変えれば、申し分のないオープン・スペースのなかにあって、サヴォワ邸はサヴォワ邸以外のいかなるものとも関係を持たない建築である。それに対してオテル・ド・アルジャンソンはパレ・ロワイアルの広い庭園に面するとはいえ、共有境界壁に限定された区画のなかで、車寄せのコートをそのなかに取り込んでいる。両者は、建物の敷地との適合関係が完全に逆の関係にある。つまりサヴォワ邸の場合は、いかに自身のアイデンティティを明確にしていくかという関係にある。コーリン・ロウの言葉を借りれば、サヴォワ邸はアクロポリス的であり、他方オテル・ド・アルジャンソンはフォーラム的である。

ピロティで持ち上げられたサヴォワ邸は、一階と二階ではその平面のつくられ方が全く異なる。特に地上階の、楕円というよりは江戸小判を一部切り落としたようなプランは一度見たら忘れることのない特異な形をしている。建物のはるか手前から直線的にアプローチする車が回り込んで正面入り口で人をおろし、そしてガレージに収まる一続きの軌跡をそのまま形にしたと考えてもおかしくはない。そして小判型のプライマリーな形のなかにエントランス・ホール、傾斜路、直通階段、ガレージ、運転手や使用人の諸室が行儀よくコンパクトにまとめられている。一方、オテル・ド・アルジャンソンに目を転ずると、建物はエントランス・コート、主館、後方の庭園に面するテラスの三つの部分からなる。コートヤードは街路の延長として人を乗せた馬車の旋回する場所である。やはり小判状の形をしたコートヤードのまわりには、付属の馬車庫、厩舎と使用人関連の諸室がまとめられている。

二つの建物を比較したとき、一八世紀のオテルも二百年以上の隔たりのあるコルビュジエのサヴォワ邸も、この部分のプログラムは不思議なほど同じである。サヴォワ邸の場合は、諸室全体が一つのまとまりとして、オテル・ド・アルジャンソンの場合は、逆に諸室が隣家との境界共有壁側に配置され、コートヤードが同形の「ボイド」として中央に存在している。言いかえれば、両者は小判型のエントランス部分をめぐって「inside-out」

あるいは「outside-in」という反転の関係にある。

サヴォワ邸の敷地は前述のように充分に広く、然るべき固有の物理的文脈によって建物配置を決定するものが見当たらない。したがってコルビュジエは、まずヴィラそのものの領域を画定した。それはプライマリーな形として「方形」であった。「初源的な形は、はっきり読み取れるので、美しい形である」と語っていることからも幾何学は常に彼の出発点である。

方形のなかにまとめられた上階のプランは、ほぼ二〇メートル四方のなかに就寝部分とリヴィング部分が大きく二つのエリアをつくり、残りがテラスである。この二階がそのまま地上に降りれば、コートハウスとなりうる。コルビュジエは、著書『建築を目指して』のなかの「建築家各位への覚え書き」で次のように書いている。

「平面はもっとも活発な想像力を必要とする。それはまた、もっとも厳正な規律を必要とする。平面は全体の決意である。それは決定的瞬間である。平面とは、マリア様の顔をかくような奇麗なものではない。それは峻厳な抽象である」（吉阪隆正訳）。これはサヴォワ邸の平面そのものに当てはまる。

またこのヴィラの最大の特徴は、一階から二階を経て屋上に至るスロープである。これは、建物の空間的、機能的重心というべき存在である。コルビュジエは、サヴォワ邸に先立つメイヤー邸でもスロープを導入しているが、それは全体からみると片隅に追いやられていて、上下階の移動手段以上のものではない。それに較べると、サヴォワ邸のスロープは建物内の立体的なプロムナードとして視覚的・空間的なドラマを生む。

　サヴォワ邸の本質は、この一、二階のプランの対立性と外部に対する「閉じる」「開く」の両義性にある。このように考えると、サヴォワ邸は過去の伝統的なヴィラと無縁なものではない。その基層に時代を超えてつながる二つの伝統的な空間構成があり、サヴォワ邸においてそれが重層して一つのヴィラが生まれている。モダニズム建築の伝統建築に対する「反転による統合の関係」が見られるとしたら、ヴィラ・サヴォワにまさるものはない。その意味で珠玉のモダニズム建築のシンボルとしての「証跡の風景」を残したのである。フランスの建築家であり歴史家のジャン＝ルイ・コーエン[14]は、コルビュジエのサヴォワ邸について次のように述べている。

「スタイン・ド・モンジー邸が建てられて二年後、ポワシーの保険業のピエール・サヴォワの壮観な別荘をもって、ピュリストの住宅の時代は終わった」。また「この住宅は輝きのときと呼ばれ、ル・コルビュジエは極めて豊富な予算を得ることができた。（中略）完成直前の一九二七年に自らが明らかにした「近代建築の五原則」を用いた完璧な事例である」と語っている。

近代建築の「反転」の五原則

この当時、近代社会にふさわしい芸術と産業の統一を目指す「ドイツ工作連盟」が結成されている。一九二六年には、シュトゥットガルトのヴァイゼンホフで第二回工作連盟展として住宅展が開催されたが、当時連盟の副会長を務めていたミース・ファン・デル・ローエ[15]が一つの住宅団地（ジードルンク）を構成するかたちで全体配置計画をたて、実際に最新のハウジング（集合住宅）がつくられた。それは、後にドイツの伝統となった国際建築展の始まりでもあった。

住宅展の目的は、当時の「ヨーロッパ各都市が第一次大戦後の共通にかかえる住宅不足の解消と、過密居住による環境悪化の問題解決」に当るための運動として、「新時代にふさわしい多様な居住形態の可能性」を明らかにする改革運動のデモンストレーションであった。ミースの他にコルビュジエ、ピーター・ベーレンス、ハンス・シャローン、ワルター・グロピウス、ヒルベルザイマー、ブルノ・タウト、J・J・P・アウト、マルト・スタムといった建築家が全ヨーロッパから招かれ、それぞれが競ってハウジングの設計に当るという、間違いなく画期的な一大イベントであった。

コルビュジエは、全体の二十一棟のうち二棟の設計を依頼された。彼はタイミングを計っていたかのように、この機をのがさず「近代建築の五原則」（五つの要点と呼ばれることもある）を個人のマニフェストとして公表した。また一九二〇年代といえば、それはコルビュジエの「白の時代」ともいわれ、白いキュービックな建築、ラ・ロッシュ＝ジャンヌレ邸をはじめ、スタイン・ド・モンジー邸、クック邸、サヴォワ邸といった作品をたて続けにのこした時期であった。それらはことごとく自分の提起したこの「近代建築の五原則」にしたがってつくられた明解な建築であった。

シュトゥットガルト・ワイゼンホフの住宅団地・ジードルンク（一九二六）

五原則とは、よく知られた「ピロティ」「屋上庭園」「自由な平面」「自由な立面」そして「水平の窓」である。これは、ギリシャ・ローマ時代の古典建築に五つのオーダー[16]があったように、シンボリックにいえばそれに匹敵する近代の五原則が表明されたとみることもできる。五つの原則については、コルビュジエ個人のマニフェストであるといっても、注意ぶかく前後の歴史をみれば彼の先輩たちが何らかの形でその先駆けとなるアイディアを示していたことがわかる。「ピロティ」は、オーギュト・ペレのコンクリート・フレームの工学的な検証に基づく建築的可能性によって示唆されたものであり、また都市との関係でいえば、コルビュジエの『パイルに支えられた都市』（一九一五）は一九一〇年にユージン・エナードの描いた「未来の街路」のアイディアに由来する。「屋上庭園」はトニー・ガルニエ[17]が工業都市のなかで提案したルーフ・テラスがヒントであったといえる。「自由な平面」はフランク・ロイド・ライトの「箱の解体」から有機的建築へ移行する一連の作品にそのシーズが見られるし、アドルフ・ロースの建築に「自由な立面」を、そしてオランダのアムステルダム派ベルラーヘ[18]の建築に「水平な窓」をすでに見たといえないことはない。これらの諸事象を新しい建築の原理原則として表明したところに、コルビュジエの強烈なインパクトがあった。

「近代建築の五原則」が衝撃的であったとすれば、もう一方彼の強い信念をもっていい放たれた「住宅は住むための機械である」という衝撃的なステイトメントはさらに強烈なものであった。この一言は、人々のスキャンダルの種となって、コルビュジエの言葉の真意が理解されるのには時間を要した。なぜなら、他ならぬ人間の「住い」が、車や飛行機と同じように論じられることへの拒否反応に起因した誤解を払拭するのは簡単なことではなかったからだ。しかしコルビュジエは、地上を「走るための機械」が「車」となり、空中を「飛翔する機械」が「飛行機」になったのは、人間の「知」が純粋に推進力と浮揚力を探しもとめた結果であって、それは「新しい精神（エスプリ・ヌーヴォー）」に支えられたものであると考えた。

それと同じように、「住まい」を「住むための機械《マシン》」であると考えることが、「住まい」にかかわる一切の既成概念や価値観から開放され、むしろ人間が自我の拡張と自己実現の可能性を拡大する出発点であると確信していたのである。

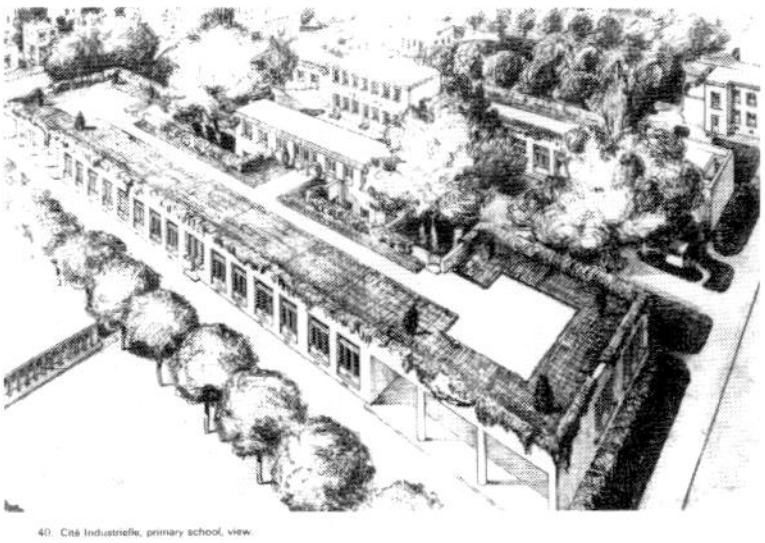

トニー・ガルニエが提案した工業都市構想（一九〇一－〇四）のなかに見られるルーフテラス

ピロティの重要性とスケルトン・システム

　この五原則のなかで、特に「ピロティ」は、残りの四つを展開させるうえで鍵となる重要なものであった。まず「ピロティ」は、大地を建物の一方的な占拠から開放するという革新的なコンセプトに支えられたものであった。そしてさらに、この五原則に先立つ一九一四年に「ドミノ・システム」[19]として発表された鉄筋コンクリート構造の純粋な「柱・床システム」によって、さらに実体的な概念となった。

　一九〇三年、パリのフランクリン通りにアール・ヌーヴォーの面影を残して登場した建物は、オーギュスト・ペレ兄弟が初めて鉄筋コンクリート構造を採用して設計したアパートであった。そこに一時ペレ自身の事務所があって、先に触れたように一九〇八年にコルビュジエが働いていたことがある。そのときの実務経験がコルビュジエの「ドミノ・システム」を生む一つのきっかけになったといわれる。彼がシステムとして示したダイアグラムは、六本の柱と三枚の水平スラブと一階から屋階につながる階段が示されているだけであるが、モデルとしての「ドミノ・システム」については、いろいろな角度から多様な評価がなされていた。

ドミノ・システムが可能にした自由な平面と立面

しかし、いまこのシステムの根幹をなす構造の考え方が、いかにそれまでのものとちがって革命的であったのか、そのことの衝撃の強さを最初に見るべきであろう。

この方式は、伝統的な組積造の「マス・システム」から純然たる床・柱方式の「スケルトン・システム」への思想の切り換えを意味する。『テクトニック・カルチャー』を書いたケネス・フランプトンの分析でいえば、このシステムは「ゴシック建築のもつ構造の正当性と、古典建築のもつ形態の普遍性との相克に一つの道筋をつくる唯一の方法として、鉄筋コンクリートのフレームを位置づけた」（筆者訳）。

耐力壁を主体とするマス・システムでは、「壁」は荷重を支えることと空間を仕切ることが同時におこなわれるシステムであった。したがって、人は長いあいだ壁が空間に先行するものとしてその存在を認めてきたし、それについて何の疑問を持たなかった。しかし「ドミノ・システム」において、「柱」がこれまでの荷重を地盤に伝える「壁」にとって代わり、壁はその役割から自由になると同時に、「空間を仕切る帳壁」の存在となった。耐力壁でなくなった壁は、階から階に正確に重なっていく必要がなくなり、仕切りとして自由に配置されることが可能になった。もはや「壁」は支えることの宿命から完全に解き放たれた。

いまの時代、「柱方式」は「軸組方式」として何ら特別のものではない。さらにいえば、わが国の古来から伝わる構造方式はこの軸組方式に他ならない。しかし身近かに分厚い壁しか知らなかった当時のヨーロッパの人々にとって、部屋のなかに「柱」のある姿は驚愕以外の何ものでもなかったであろう。コルビュジエに住宅を頼んだクライアント、例えばメイアー邸の夫人にしても、ガルシェのスタイン夫妻にしても、彼らはコルビュジエの良き理解者であることをもって人後におちない人たちであったが、寝室に「柱」がためらいもなく佇んでいる姿を最初にみたときのショックがた

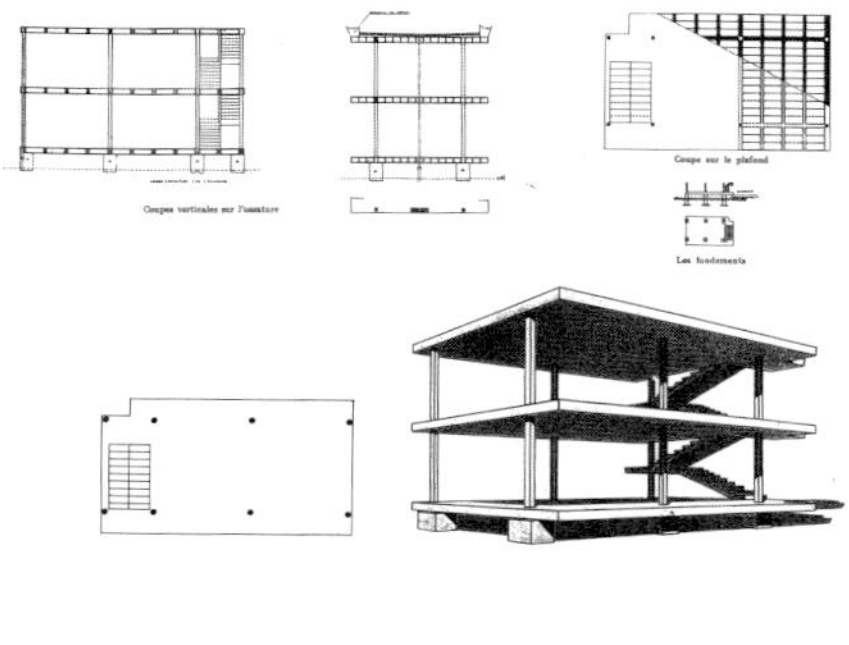

コルビュジエの提案によるドミノ・システムの構造図一式（一九一四）

いへんなものであったことは想像に難くない。コルビュジエの唱える「住むための機械」を構成する主要な「器官」、つまり「上下移動のための器官＝階段・スロープ」「調理するための器官＝厨房」「身体衛生を保つための器官＝バスルーム」が、ホールあるいはその他の部分と自由な位置関係をもちながらどこにでも配置しうるものとなったのも、この「軸組方式」によるものである。このように「ドミノ・システム」は、彼の唱える「自由な平面」の実効性をより確実なものにすることとなった。

さらには、支えることから開放された「壁」は、長くつづいてきた「窓との争い」にも終止符を打つことができた。そのことによって、建物の外壁は、第一に「内」と「外」とを隔てる「外皮」として存在し、構造に拘束されない「自由な立面」を展開する面となった。具体的には、光や風を通し眺望を得るための窓の位置や形状にいままでにない自由度が加わった。このように、ドミノ・システムは、「自由な平面」を可能にしたのと同じように、「自由な立面」をも可能にしたことになる。建物の外壁は、「囲い」であると同時に内外を制御しその応答関係を表現する「面」であるという新たな概念によってとらえられるものとなった。

ファサードから自由な立面

伝統的な建築においては、「ファサード」とは建物の「正面性」を意味するだけではなく、「公」の領域と「私」の領域にかかわる両義的な役割をもっている。それは、「私」の領域のシンボル的表象であるとともに、「公」の領域を整える背景としての意味があった。ファサードにはそのような正当性があったとすれば、「自由な立面」とは、旧来のファサードの概念を一旦反古にして再び復活させたといえなくもない。なぜならば、「正面性」の否定と同時に独立した単体建築はすべてがファサードでありうると考えられないこともないからだ。いいかえれば、正面に対する側面・背面の関係の消滅を意味していた。後に述べるヴィラ・サヴォワにおいて、コルビュジエの唱える「新しい建築の五原則」との関係でその点を明らかにしよう。

コルビュジエのいう「自由な立面」は、自由な壁面構成の話だけではなく、背景には新しい都市建築のあり方にまで発展するものがあった。まさ

【次ページ】ル・コルビュジエのスケッチ。水平の窓と縦長の窓との床面における「昼光率」の差を示すダイアグラム

にこのことは、すでに触れた伝統的な都市建築の「表」と「裏」あるいは「正面」と「背面」の二面的な関係を一気に払拭する決定的な出来事であり、自律性を持った「独立した単体建築」の正当性につながるものであった。

一方「水平の窓」は、同じく支えることから開放された外壁の横長の開口部のことである。伝統的な組石造の住宅の場合、多くは構造的な制約のなかで、窓は縦長の形からのがれることはできなかった。コルビュジエは、ある間隔で横並びする「縦長の窓」と、連続する「水平の窓」の昼光率分布の比較から、後者の優位性を強調した。

オランダの「静謐と光の画家」として知られるフェルメールの絵画に、有名な「窓辺で手紙を読む若い女」や「牛乳を注ぐ女」がある。いずれも単一の窓から差し込む限られた光のなかの女性を描いたものである。これは部屋の奥まで光の届かない古いオランダの町家の「明るさ」と「暗さ」を象徴的にとらえ、窓際の静謐の世界を表現したものである。

フェルメール自身も、手暗がりにならないように常に窓際にイーゼルを据えて制作にあたる自分を描いているが、季節によっては外光による室内の輝度対比は大きかったに違いない。このような状態は、コルビュジエの

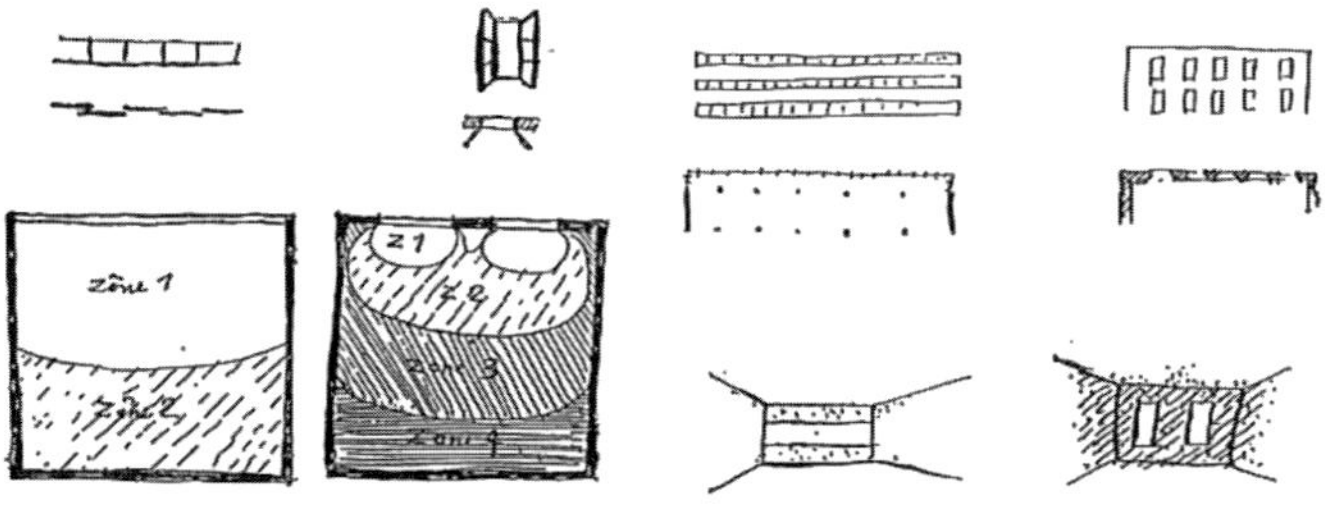

目には健康で快適なものにはうつらなかったのであろう。

コルビュジエは、これまで見てきたように住空間の機能の実体を「器官」と「皮膜」の二つに分けた対位法的な発想をもって、「自由な平面」と「自由な立面」を一つの対概念として捉えている。その点でいえば、先人であるオーギュト・ペレやフランク・ロイド・ライトの手法とも大きく違っていた。具体的には、スタイン・ド・モンジー邸やクック邸の空間構成を見れば一目瞭然であろう。

対位法としてとらえる
ピロティと屋上庭園

次に、「ピロティ」と「屋上庭園」は、「自由な平面」と「自由な立面」の場合と同じように、対位法的な概念である。「ピロティ」の必然性を説くコルビュジエのダイアグラムはあまりにもよく知られている。

これに対する一般的な解釈は、「建物が完全にもち上げられて地上は開放される。そして非接地のより健全な空間が確保できる。したがって伝統

古いオランダの町家の室内の「明るさ」と「暗さ」の対比を示したスケッチ

【次ページ】コルビュジエのスケッチ。掘削土の大きい旧来の壁方式の建物と、ピロティによって地上を開放し、屋根を取り払い屋上を緑の庭園(ルーフ・ガーデン)にする建物の提案図

的な石造建築特有の布基礎の大量な掘削土の発生をはじめから避けることができる」というものだ。事実コルビュジエは、パリから出る掘削土はいずれ郊外の地形を変えるほど大量のものになるであろうと語っている。この解釈は決して間違いではないが、本来「ピロティ」は「屋上庭園」と対になって考えるべき正当性の強いものであって、技術的な側面から捉えるだけでは十分ではない。

人が建物を建てることは、必ずある土地を必要とし、そこを占拠することによって建築は成立する。この行為には、ある種の密やかな原罪性がある。建物が建てられなければそのままであったはずの「場所」をおかすという原罪性である。だからこそ、人はその償いとして建物を持ち上げ大地の開放とともに、失われた原風景の回復として建物の最上階に自然を再生する。それが屋上庭園の本来的な思想ではないかと思う。「ピロティ」と「屋上庭園」の二つは、対位法的な発想に基づく「対概念」であり、別の見方をすればモダニスト・コルビュジエの純粋な原点回帰の「創造するオフセット―反転」の思想といっても良い。

プラグマティックな側面で考えれば、「ピロティ」によって建物には重

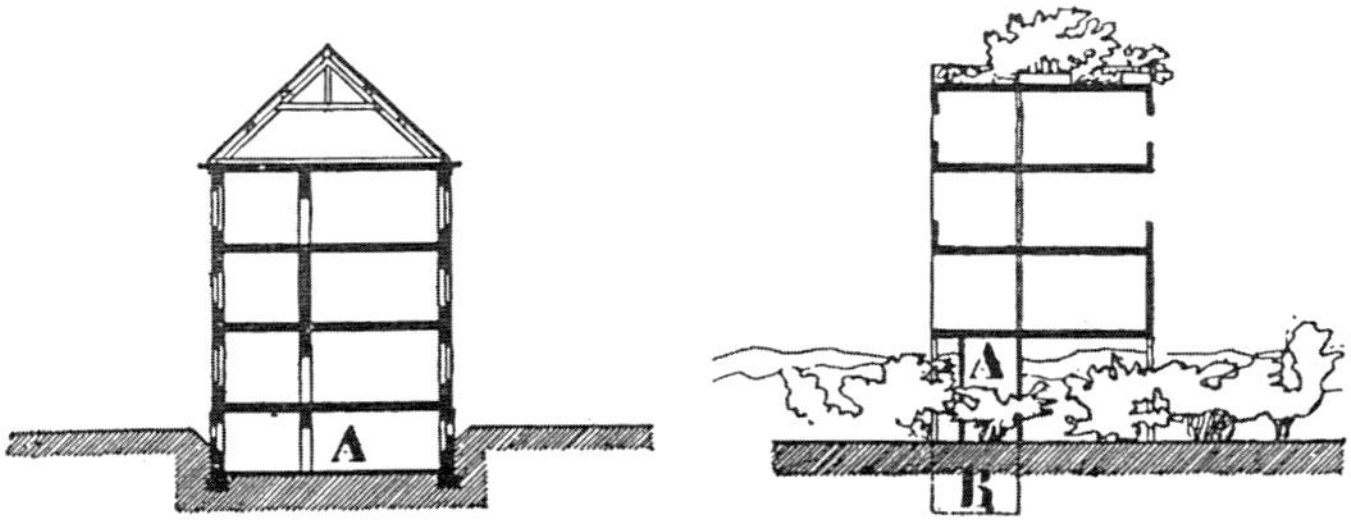

ねられた二つのゾーンが生まれた。もはや街路沿いに建ち並ぶ建築によって遮られることのない、人や車の自由な移動を可能とする地上レベルのゾーンと、もう一つはその上の生活ゾーンである。これは、完全に建築と都市を三次元的に再構成する原理をそなえており、近代建築によるアーバニズムの新たな出発点となった。その最も象徴的なものは「輝ける都市」の全面的な地上開放であり、具体的な建築としては、マルセイユの集合住宅（ユニテ・ダビタシオン）であり、パリのスイス学生会館である。コルビュジエという一人の建築家の考え出した手法が普遍化し、今日に至るまでかくも多くの建築家によって具体化されたものとしては、このピロティの右に出るものはない。

コルビュジエのいう「近代建築の五原則」は、逆に考えると伝統的なメゾン・ロワイエのように「前面」の都市街路に対するファサードと、「背面」に隠れたコートヤードという長きにわたるジレンマの正体を明らかにした。そしてあらたに、「グラウンドレベル（地上階）とアッパーレベル（上階）」という「大地／天空」の関係を明らかにした。また「人は通りに背を向け、光に向きを変える」というコルビュジエの主張には、「建築の

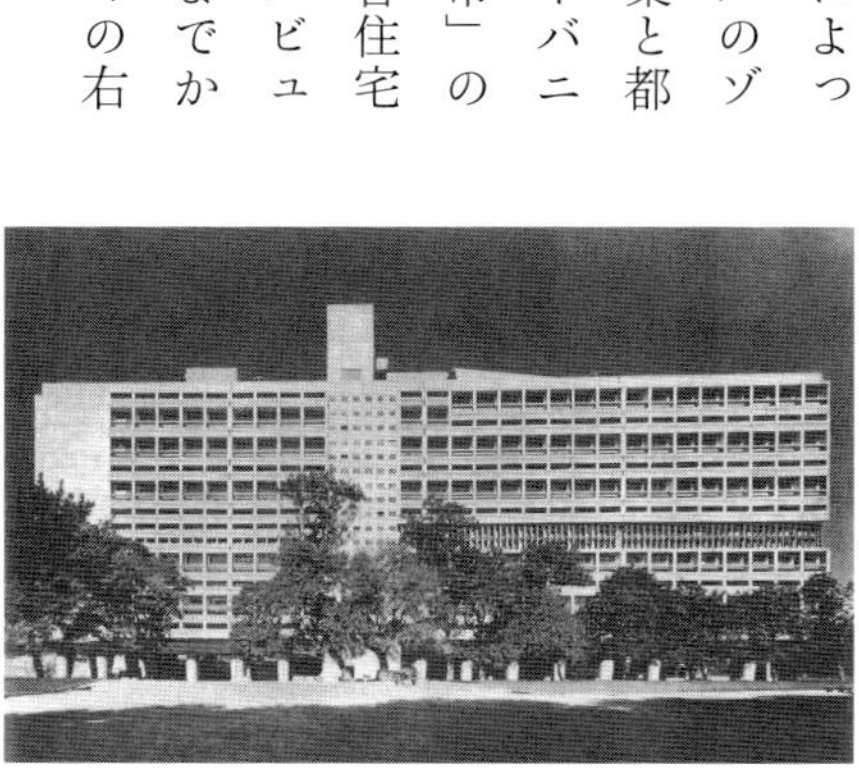

マルセイユにあるコルビュジエ設計のユニテ・ダビタシオン。巨大なピロッティに持ち上げられた「住居の統一体」。「近代建築運動への顕著な貢献」として世界遺産に登録された

自律性」と「自然回帰」への強い「反転（インヴァージョン）」への意志が示されている。

この一連の反転は、「地上の奪回と開放」、「屋上庭園と天空の賛美」ということが、他方では「街路」からの離反というあらたな「反街路主義」に向かうことにもなった。このように、コルビュジエの五原則は、「人」と「建築」と「都市」との関係をあらためて定義しなおすことを可能にした。いいかえれば、都市における住居の役割が、おのずから三次元的な関係、つまり都市計画のレベルにまで広がっていったことを意味する。

近代建築による都市は、旧体制の自由放任のなかの「快楽主義」から、新時代の「健康の女神」崇拝へと大きく向きを変えるパラダイム・シフトを遂げようとしたのである。これはコルビュジエにとって本質的な勝利を意味していた。これは自律的な近代建築の起源とその展開を象徴する出来事といえる。

第五のファサードとしてのルーフ・テラス

コルビュジエの『建築を目指して』を読み、彼の住宅プロジェクトを見たフランスの実業家アンリ・フルジェスは、コルビュジエに説得されてフランスのボルドー近郊のペザックに集合住宅をつくることにした。一九二三年から二四年にかけてのことであった。コルビュジエは、かねてからドミノ・システムによる低価格の工業化住宅をつくる機会を待ち望んでいたこともあり、精力的にこの仕事に取り組んだ。最初に手がけたものは、従業員用のハウジングでコンパクトな二層の建物であった。厳しい予算に加えて入居者を特定できない住宅は、当然のことながら標準化へと向かった。とはいっても、水平の窓、フラットなルーフ・テラス、ピロティにかわるロジアなど、コルビュジエの「新しい建築」の五原則にしたがってつくられた。

アメリカの建築家チャールス・ムーアがジェラルド・アレン、ロンリン・リンドンと一緒に書いた『住まいという場所』（一九七四）のなかで、このペザックの一連の住宅について興味ある報告をしている。それは住み手が建物をつくり替えていったという事実である。そのなかで最も顕著なものは、建物の陸屋根に「切り妻」の屋根をのせたことと、窓の形を変えたことである。描かれた図解資料や他の研究者による現地調査の写真を見ると、「ルーフ・テラス」には見事な三角屋根がのせられている。

「水平の窓」は地域の人たちが慣れ親しんだヴァナキュラーな「縦長の開き窓」につくり換えられている。その結果からわかることは、原型（オリジナル）に対して新しい機能を付加するとか増築するというつくり替えではないということだ。住む人にとって、屋根や縦長窓は住宅のイコンとして必要であった。この地域に住んでいた多くの人たちにとっては、どこを見ても最初から屋根が見当たらない風景は、廃墟にでも出会ったとき以外には思い浮かばなかったことであろうし、自己の身を託すには違和感と不安があったに違いない。「建築は大地と天空をつなぐ屋根をもって完結する」ものであるとすれば、「屋根」は人間にとって雨風を凌ぐシェルター以上の意味をもつものであった。

コルビュジエは、決して屋根を否定したのではない。すでに述べたよう

ペザックの集合住宅。オリジナルの二階建て住宅と住民による切り妻屋根と窓の改造

に、「ピロティ」による大地性の復権と地上の開放は、建築の原罪性に対する贖罪を意味すると同時に、その表明として第二の大地という「屋上庭園」を生んだのであった。そのことは、屋根を建物から取り外すことと同義ではないはずだ。近代建築において、屋上は第五のファサードだといわれてきた。それは放置されてよい残余のものではなく、一つの環境として成立すべき場所という認識である。これもすでに述べたようにコルビュジエは、「新しい建築の五原則」のなかで、一旦はファサードという概念を反古にしたが、第五のファサードを含めて屋上庭園という新しいコンセプトを提示した。「垂直」から「水平」への転換である。ここではゴシック建築のような「垂直」による「天空とのつながり」ではなく、「水平」による「天空の受容」である。「新しい建築の五原則」は、すべてこれまでの伝統建築の価値観を超えた「反転（インヴァージョン）の五原則」といっても良い。

何といっても、彼の唱えた「新しい建築の五原則」によって一つの建築がこれほど見事に実現したものはないし、逆にいえば「新しい建築の五原則」をもってこれほど明瞭に説明できる建物もサヴォワ邸の他にない。

修復なったサヴォワ邸

再び修復なった現在のサヴォワ邸の話に戻ろう。不運にも建て主であるサヴォワ家がわずか十年足らずの期間しか住むことなく終わり、すでに述べたように第二次大戦を経て戦後アンドレ・マルローによる保存の英断がなされなければ、今日の議論も評価も何もあり得ない話である。三回の修復を経て最終的には世界遺産になるという近代建築の誇る文化財であるサヴォワ邸は、現在はフランス政府の文化省の管轄のもとにあり、コルビュジエ財団によってすべてが管理され、今日にいたっている。

これまでの伝統的な建築には、建物を代表するファサードというものがあって、それは同時に建物の正面性を意味するということはすでに述べた。森に囲まれ草地のひろがる広大な敷地に立つサヴォワ邸には、ファサードと思われるものがない。さらにいえばここには正面あるいは正面性という概念が最初からない。それは五原則の一つ、「自由な平面」に対応する「自由な立面」の考えからいってもそれは不思議ではない。逆にいえば、どの面もファサードになり得るということだ。

　サヴォワ邸を訪れるとき、表通りの街路からアプローチに沿って建物に近づくと、最初に目にするのは、森を背景にピロティに持ち上げられた白亜の建物であるが、実際に面するのは使用人・運転手の居住するスタッフ・クオーターでそれは通常の建物でいえば裏である。建物のピロティを抜けて回り込むとき、透明なガラス・スクリーンを通してエントランス・ホールの様子を垣間みながら中央の入り口に達する。そしてピロティの下で感じる開放感は一段と素晴らしい。この北西面は、セーヌ川とその渓谷を望む風景に正対しているという意味でいうと、直接見えないまでもファサードといわれるものとは別の正面性をもつと考えられないでもない。

　ピロティに持ち上げられた二階の居住部分は、どの面も見事にコルビュジエの五原則の一つである「水平の窓」で構成されている。この水平の窓はまわりの森に向かって視野を広げることはあっても決して内部諸室の居住性を犠牲にするものではない。エントランスからなかに入ると、正面に緩やかな勾配通路（スロープ）があり、一階から二階に向かう。住居のなかにスロープを導入したのはコルビュジエが最初であるかどうかは定かで

サヴォワ邸の内観

はないが、上るにしても下がるにしても、階段とは違って空間体験が豊かなものであることは確かである。そして上部からの光を交えて人の動きが常に住まいのなかの風景をつくる。スロープで二階にあがると、まず、ピロティで持ち上げられた二階に、囲まれて浮かぶテラスが目に入る。その結果、二階は地上の「コートハウス」がそのまま持ち上げられたのと同じであり、そこで目にするのは、外側を囲む壁に横長の窓と同じサイズ、同じ形状の開口部のあることに気付く。そこから見える切り取られた風景は、敷地を囲む森の樹々や、少し視線を下げると剪定された緑一色の芝生がみえる。一瞬外にいることを忘れる。

テラスからさらに連続するスロープにうながされて屋上階に向かうと、天空を仰ぐソラリューム[20]がある。そこに達してみると、直立の壁と曲面状の壁とによって、居心地の良い独自の自由空間がある。そして切り取られた天空が時間とともにさまざまに変化して時の過ぎるのを一瞬忘れる。気候の良いときにはサン・ベイジイングを楽しむこともあろう。このソラリューム全体の彫刻的な造型が、離れて見たときのサヴォワ邸全体の静的な佇まいとは違ってなにか動いているように見える。広い敷地を一巡しなが

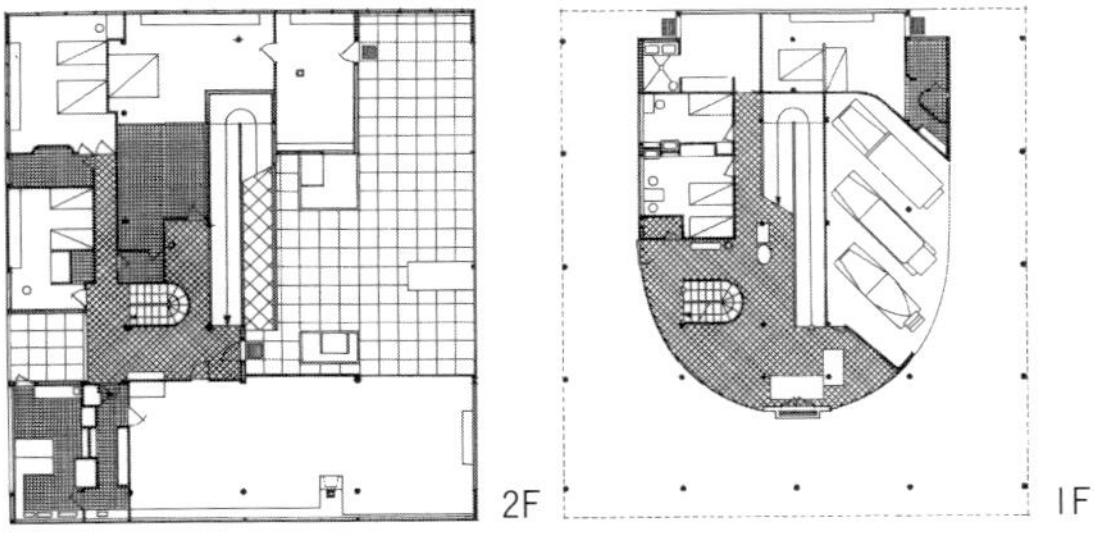

サヴォワ邸の各階平面図

ら遠くから見るサヴォワ邸は、天空からそっと舞い降りた美しいオブジェのように見えるだけでなく、静止しているはずの建物が、同時にあたかも向きを変えて動いているように見える。ソラリュームのフリー・フォームが視る者の位置のよって変化し、あたかも建物が動いているように見えるのは、造型の素晴らしさによるものだろう。

パリ郊外のポアシーに、修復を終えて端然と佇むヴィラ・サヴォワを見ていると、みごとに時を一九三一年にまで戻してタイム・スリップした感がある。すでに記したように、このヴィラ・サヴォワは、取り壊されずに最終的に保存が決まるまでの紆余曲折の歴史を抱えながら、何もなかったかのように建っている。建物はもはやサヴォワ夫妻のための別荘であったことを超えて、この近代建築を確実なレガシーとして残そうという関係者の努力の結果、世界文化遺産として登録されるにいたったに違いない。

サヴォワ邸を初めて訪れる人たちは、見事に修復され、当初と全く同じ佇まいと形態の美しさを、しっかりと自分の目を通して記憶におさめることができる。そのとき、人々の目には長い建築の歴史のなかで「近代建築」とは突如として現われた革命的なものとして映り、それ以前の建築様

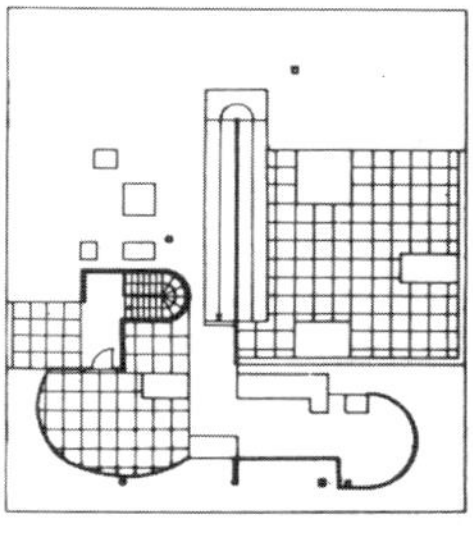

3F

式との不連続性を感じるかもしれない。

「歴史の連続性を見る事は不連続性を見るのと同様に重要である」と語ったのは、『中庭と庭園（Court & Garden）』を書いたミカエル・デニスである。一八世紀に建築家として多くの作品を描き「幻視の建築家」といわれたニコラ・ルドゥーやルイ・ブーレの建築にみられる形態の「幾何学性」と表層の「抽象性」は、二〇世紀の初めまでその評価が定まらなかったといわれている。しかし「自律性」と「独自性」という概念が、結果として近代建築を推し進めたものであるとすれば、「ルドゥーからコルビュジエまで」といわれるように彼らこそモダニズムの先駆者であり、そこには歴史的な不連続的連続性を見ることができる。

ヴィラ・サヴォワの遺した証跡の風景

人は美しくも凛としてたつヴィラ・サヴォワを正視して何を感じ、何を知りえたのか。ル・コルビュジエが残した珠玉ともいえる建築を通してみ

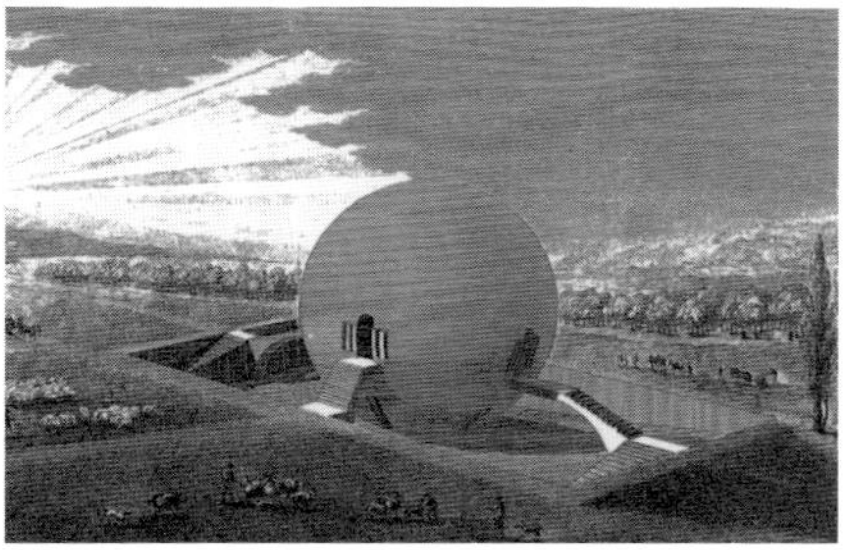

幻視の建築家ルドゥーの建築作品「農地管理人のための球状の家」

える「証跡の風景」とは何であろうか。

ル・コルビュジエがエドゥアール・ジャンヌレ時代を経て一九二〇年から彼が没する六〇年代までの間に残した数々の建築作品のなかでも、ヴィラ・サヴォワをその大きさとは関係なく特異な存在であると考えるのは、モダニズムの精神性を含めあらゆる事象がこの一つの建築に凝縮されているからだ。

ヴィラ・サヴォワが、もしパリ郊外のポアシーの森と草地の広大な場所ではなく、仮にラ・ロッシュ＝ジャンヌレ邸のあるパリ西部のオートゥイユ地区の高級住宅地のどこかに建てられたとすれば、恐らくオブジェのような自律性の高い建築にはなっていなかったであろう。そしてル・コルビュジエの唱えるモダニズム建築の最終的な主題として、ゆるぎないオープン・スペースのなかの「独立した単体としての建築」という建築の自律性を高らかに唱えることはありえなかったとしか思えない。このル・コルビュジエの考え方が、その後の建築から都市へと発展する段階においてもなお、普遍的なテーマとして彼の意識のなかにあったとすれば、ヴィラ・サヴォワの存在は、近代建築史における革新性と合理性を象徴する極めて珍しい事例といえよう。これ以上の確たるモダニズム建築の「証跡の風景」はない。

本章の最初において、ほとんど死語に近かった「ポシェ」という言葉をあらためてひも解くことに始まって、バロック以降の歴史都市とコルビュジエの描く近代都市の読みとりにおいて、「アーバン・ポシェ」というそれまでにはなかった新しい概念が生まれたことを述べた。またコルビュジエによって普遍化された新しい「近代建築の五原則」によってヴィラ・サヴォワが生まれたことにもふれた。そのうえで、実はコルビュジエの唱える五原則は、人と建築と都市との関係において、それまでの建築に対する「反転の五原則」として理解することもできるのではないかと語った。

ヴィラ・サヴォワは、確かに七ヘクタールの敷地のなかに建っていた。しかし壮大な田園や自然の風景と正対するように計画された古典的なカントリー・ヴィラとは違う。直近の都市街路から残された一続きの林を抜けて本体のヴィラ・サヴォワの入り口に達する。そこに白亜のキュービックな建物が静かに佇む。

ル・コルビュジエの残したヴィラ・サヴォワは、見事に修復・復元され二〇世紀に世界文化遺産となった。再び人々にその美しい姿を見る機会を与え、なおかつ大規模な建造物のそれとは違って極めてヒューマンな身体的な空間体験を通して、モダニズムの目指した建築の本質に触れることを可能とした。

ヴィラ・サヴォワの存在価値は、造型の美しさだけではない。その背後にある彼のモダニストとしての透徹した論理によって組み立てられた「新しい建築の五原則」によって実体化された近代建築の頂点をしるす最高のモニュメントであることに深い意味がある。そのことが眼前に展開するまぎれもないヴィラ・サヴォワというモダニズムの遺したレガシーであり、人々の思いを深くさせる。

エミール・カウフマンは、建築の自律性の起源と展開について書いた『ルドゥーからル・コルビュジエまで』の著書の最後に次のようなことを結語として述べている。

> 新しい精神性は、単に新しい技術を創造しただけではなく、新しい芸術へと導いたのである。ル・コルビュジエはルドゥーに劣らず、この

新しい精神性を信奉していたが故に、また、ル・コルビュジエにおいてもルドゥーにおいても、芸術と生活との間の結びつきが同じように強いが故に、……両者の作品は諸々の新しい原理の勝利を謳い上げており、両者の活動はこれらの原理への道を切り拓いたのであるから。

（白井秀和訳）

パリ、マレ=ステヴァンス通りの街角に遺る
ヴィラ・マレ=ステヴァイス（Villa Mallet-Stevens, 1927）

第4章

パリのクルデサック・マレ＝ステヴァンス通り

アーバン・ヴィラの再発見

本稿を書くにいたった背景には幾つかの出来事が関係している。

すでに序章に述べたように、筆者は一九八五年にフランス政府に招かれておよそ二か月ばかりパリに滞在したことがある。歴史的なものも含めて、近現代のパリ市のハウジングを見てまわることが自分の仕事でもあった。

当時はミッテラン大統領の政権下にあり、社会主義政策の立場から社会住宅が活発に供給された時代であった。八〇年代フランスの気鋭の建築家といえば、ポルザンパークをはじめとしてシリアーニ、ビュフィ、ボフィル、ゴダン等がおり、彼らは進んで低中所得者層を対象としたハウジングの設計にたずさわっていた。建築作品としてもレベルの高いものが多く、それらは丹念に見て回るだけの価値があった。

また一方、視察プログラムの一つとして、パリの歴史的遺産の一つ、ヴォージュ広場とそれを囲む住居群を見ることにした。この広場を囲む一続きの住居群は、今日の見方でいうならば不動産投資と都市開発に意欲的であったアンリ四世によって一七世紀初頭につくられた「都市貴族のためのハウジング」である。そして三百年以上経たいま、この歴史的な都市住居を社会主義的な住宅政策の一環として、その一部をパリ市民の住まいとして開放した。選ばれた入居者は歴史的建造物の維持保全の役割を担う当事者になってもらうという、一種の協定契約方式とでもいうべき画期的な試みに挑戦していることを知って、さすが歴史遺産の多いパリならではのことだと感心したことがあった。

またヴォージュ広場界隈を徘徊した後に、チャールス・ディッケンズの『二都物語』でも有名なサン・アントアーヌ通り経て、一七世紀のオテル・ドゥ・ボーヴェ（一六五二—五五）に足を運んだ。街路からオテルの入り口を経てコートヤードに入り、上を見上げたとき、開いた窓から女性同士の明るい会話を交わす声が聞こえてきた。

　三百五十年以上も前につくられたバロック・オテルが、一見何の不都合もなく普通の住まいとしていまなお使われていることが信じ難いものであった。パリが優れた世界最大の「住宅都市」に他ならないことを実感する瞬間でもあった。

　建物を見ることと併せて、パリ市のソシアル・ハウジングを積極的に手がけていた何人かの建築家と個別に話をすることにも務めた。そのうちの一人、ビュフィが、一九世紀中葉につくられたパリの典型的なメゾン・ア・ロワイエの建ち並ぶパリ北部九区のマチス通りに設計した、インフィル・タイプの集合住宅を案内してくれたことがあった。まさに一九八〇年代のポスト・モダンの雰囲気のある建物であったが、特別の違和感がなかったのは、デザイン以前にパリの都市建築としてのメゾンのスケール・ヒエラルヒがきちんと受け継がれていて、それによって逆に不連続的な連続性が新鮮な一つのステートメントになっていた。そのことを、筆者の個人的見解としてビュフィに語ったところ、このコメントに気をよくしたのか、

建築家ピエール・ビュフィ設計のパリ東部一九区の集合住宅(一九八五)

引き続き近くのカフェに場所を移して、一九一〇〜二〇年代のパリの住宅建築やハウジングに話題を変えて二人で話しつづけることになった。

彼によると、パリは一九世紀末から二〇世紀初頭にかけて、すでに今日でいう社会住宅が幾つもつくられていて、それはパリの一つの伝統にもなっているという。例えばアール・ヌーヴォーの建築家として出発したアンリ・ソヴァージュは、それ以前にはなかった芸術家のためのアトリエ・タイプの集合住居や、低所得者のためのローコスト・ハウジング、あるいはコーポラティブ・アパートを手がけており、それ等の建物は現在でも依然として使われている。代表的なものに、ヴァヴァン街の集合住宅（一九一二）やアミロウ街の集合住宅がある。階段状のセットバックによる街路の天空率を高め、断面が台形状の建物の中央部にプールを設ける等、当時の衛生思想を反映して造られた労働者向けの低廉集合住宅がある。それまでアール・ヌーヴォーの建築家として考えられていたアンリ・ソヴァージュが、モダニストとしてのイメージを定着させた最初の建物であったことを想起すると新たな興味がわく。

またビュフィは、社会主義思想をもつ建築家A・リュルサはオーギュス

アール・ヌーヴォーの建築家アンリ・ソヴァージュ設計のパリ・ヴァヴァン街の集合住宅（一九一二）

ト・ペレと一緒に、パリ一四区の小さなクルデサック（小路）に貧乏な芸術家のためのアトリエ住居群（一九二六）をつくって、当時の石畳の路地とともに、その小路がスーラー通りという名で今日まで呼び続けられていることを話してくれた。そして別れ際に、パリ一六区のオートイユ地区にあるロベール・マレ＝ステヴァンスの建築は一見の価値があるからぜひ寄ってみたらよいと付け加えてくれたのが、不思議な縁となったことはすでに序章で述べた。

パリ一六区のオートイユ地区といえば、近くにはブローニュの森があり、市街地側は由緒ある住宅地として知られている。コルビュジエの「白の時代」の代表作の一つラ・ロシュ＝ジャンヌレ邸も、この地区の大通りから一歩入ったクルデサックの奥にある。この一帯は、クルデサックの私道が比較的多いのが特徴であるが、そのなかに、偶然であったとしても足を踏み入れたことが好運としか思えない小さな通りがある。それがビュフィの教えてくれた「マレ＝ステヴァンス通り」という個人名がついた静かなクルデサックである。パリにはオースマン大通りとかヴィクトール・ユゴー大通りのような、歴史上よく知られた人物の名のついた街路はあっても、一人の建築家の個人名のついた通りはめずらしい。

このクルデサックの両側には、建築家マレ＝ステヴァンスのつくった五棟のアーバン・ヴィラと呼ばれる住居／仕事場のコンプレックスや、個人専用住宅が並び、いちばん奥に一件の管理人住宅がある。筆者は、まずこの隠れたマレ＝ステヴァンスのモダニズム建築と、それらがつくり出す瀟洒な都市性に魅了された。それからすでに三十年以上もたつが、いつまでも記憶のなかにありながら、その秘密を解明する機会を逃してきた。

貴公子マレ＝ステヴァンス

話しを進める前に、建築家ロベール・マレ＝ステヴァンスという人物に触れる必要がある。一八八六年生まれのマレ＝ステヴァンスは、ル・コルビュジエと全く同世代、同時代の建築家である。フランスに限っていえば、トニー・ガルニエやオーギュスト・ペレ、アンリ・ソヴァージュたちにつづく第二世代の建築家といえる。

生まれ育った環境は、アートに深くかかわるものであった。彼の父、モーリス・マレは、後にパリの画壇を賑わすこととなった印象派の画家たち、シスレー、ピサロ、モネー、ドガ、マネの絵画を早くから高く評価し、著名な画商に紹介した有能なアート・キュレーターであった。また母方の祖父アーサー・ステヴァンスもまた、ミレーとコローを見いだした目利きであり、「ステヴァンス」の名は祖父の姓から取られたと伝えられている。このように、幼少期から青年期にいたるまで、両親、祖父の仕事を通じて身じかにアートに親しむ環境に育った。

その後、一九〇五年にパリのラスパーユ地区にある高等建築専門学校に入学して本格的に建築を学んだ。この選択は、当時の伝統的なボザールにおける長期間の教育を敢えて避けることでもあったようだ。つまり古典建築様式の学習や、レンダリング技術の習得や、ビオレ・ル・デュク[1]伝来の完全合理主義の教育方針とは異なるものを求めた結果でもあった。

高等建築専門学校在学中は、成績も良く常にクラスではトップの位置にいた。一九一〇年にオランダのベラーエ・エルンスト・ワスムースから出版されたフランク・ロイド・ライトの作品集は当時ヨーロッパでたいへんな話題となったが、好奇心旺盛なマレ＝ステヴァンスも熱心な読者の一人

建築家マレ＝ステヴァンス（一八八六―一九四五）

であったといわれている。

後に彼が独立して建築設計活動をするなかで、最も強い影響を受けたものは、何といってもウィーンの建築家ヨゼフ・ホフマンの設計したブラッセルのストックレー邸だといわれている。建て主のアドルフ・ストックレーは、実はマレ＝ステヴァンスの叔父にあたり、一九〇五年にホフマンに自邸の設計を依頼した人物であった。ホフマンは、オットー・ワーグナーの弟子でもあり、ウィーン分離派の主要メンバーでもあったが、英国に旅行してアーツ＆クラフツ運動に直接触れたこともあって、すでに自国でウィーン工房を設立していた。このストックレー邸の設計依頼は、ホフマンにとって、ウィーン工房の仕事を生かすまたとない好機でもあった。最終的には建物の設計だけでなく、家具調度品、家屋にかかわるハードウエアーなど、すべてウィーン工房で制作されたものが、ストックレー邸に使われることになった。

建築家ヨゼフ・ホフマン設計のストックレー邸（一九一一）

マレ＝ステヴァンスとアーバン・ヴィラ

当時まだ若輩の身であったマレ＝ステヴァンスは、一九〇五〜一〇年の間、ストックレー邸の工事現場でウィーン工房の仕事を手伝っていたが、ホフマンとの出会いはそのときのことであった。一九一〇年といえば、ジャンヌレが初めてパリに出向いたときであり、アドルフ・ロースがウィーンで装飾を一切廃したスタイナー邸をつくり、ヨーロッパのモダニズムの胎動期を迎えたときでもあった。

マレ＝ステヴァンスの初期の主要作品は、主としてパリ郊外のカントリー・ヴィラであった。なかでもポール・ポワレ邸（一九二一）と、イエールにあるシャルル・ド・ノアイユ邸（一九二三）が代表作としてよく知られている。特にクライアントのポール・ポワレは、ファッション・デザイナーとして当時のパリ・ファッション界の近代化を推し進めたクチュリエ（男性裁断士）の一人であった。また一方のヴィスコン・ノアイユ夫妻は、芸術家たちの支援をライフワークとした子爵であり、二〇世紀を代表する芸術家、ダリ、マン・レイ、ジャコメッティなどをヴィラに招き、共にバカンスを過ごすような人物であった。

ノアイユ子爵夫妻は、自分たちのヴィラの設計に当って最初ミース・ファン・デル・ローエに声をかけ、次にコルビュジエに打診したが話が進まず、最終的にマレ=ステヴァンスに依頼したという逸話がある。考えてみれば、三人の建築家のうちコルビュジエが一八八七年生まれ、ミースとマレ=ステヴァンスは一歳年上の一八八六年であったことを知ると、この設計依頼の話は彼らが三十代半ばの、建築家としてまさに躍動期のさなかにあったことがわかる。

マレ=ステヴァンスの場合は、コルビュジエやミースに比べればそれほど多くの作品をつくっていなかったが、作品とは別に自身の主宰する雑誌やサロン・ドートンヌ等に彼固有の輪郭描法によって多くのプロジェクトを発表して、すでにユニークな建築家として知られていた。いずれにしても時代の寵児といわれる著名なファッション・デザイナーや、近代絵画を目指す画家たちの良き支援者を、それぞれクライアントに迎えるだけの才能をすでに示していたのであろう。

建築家マレ=ステヴァンスの初期の代表作ポール・ポワレ邸（一九二一）

同時に、マレ＝ステヴァンスは、著名人のためのヴィラだけでなく、パリ近郊のボローニュにコルビュジエとフィッシャーと三人で、「三軒の連接個人住宅」をそれぞれ一つずつ分担設計し一体の「ヴィラ・コンプレックス」とでも呼べる作品をつくっている。これは極めて珍しい事例であると思う。このように、集合住宅ではなく都市居住者のための「住居集合」ともいうべき作品をすでに手がけていたのである。

マレ＝ステヴァンスは、一九二九年にコルビュジエ、ペリアン[2]、ジャン・プルーヴェ[3]等とともに、現代芸術家協会UMAを設立することがあったが、一九二〇年代のモダニズム建築の潮流のなかにあって、特定の前衛グループに属するということも、固有の主義主張を唱えるポレミカルな論客であったわけでもない。コルビュジエやグロピウスそしてギーディオン等を中心に立ち上げられたCIAM[4]という国際的な動きがモダニズムの本流として大きな存在であったとしても、それに対してマレ＝ステヴァンスやA・リュルサ、アンリ・ソヴァージュたちは、単なる「支流」ではなく、独自の「伏流」としてその存在を示していた。決して一つの全体ではなく、多様性のなかにモダニズム建築は展開されたといってよいだろう。マレ＝

マレ＝ステヴァンス、ル・コルビュジエ、フィッシャーの三人による三軒の連接個人住宅（一九二五）

ステヴァンスの建築が、幾何学的な白のボリュームの分節やファサードの展開において、同時代のコルビュジエやリュルサとの類似性をもったモダニズムの枠組みのなかに位置づけられることがあったとしても、やはりその独自性によって明確なアイデンティティを保ち続けてきた。

クルデサックとアーバン・ヴィラ

本題のマレ＝ステヴァンス通りとはどのような「通り」であり「場所」なのか、そしてそれが何故「建築家の遺した証跡の風景」の一つであるかを語りたい。一人の建築家が、複数のクライアントに応えて、一つの輝かしい建築を遺すことは、あるべき姿としていつの時代にも存在してきたであろう。ここでいう建築家の遺した証跡というのは、その建築を通して何が語られているのか、単体であるにせよ集合体であるにせよ、現前する建築が背後に潜む歴史的文脈のみならず文化的文脈を読み取るうえで、「都市を語る証跡の風景」として存在することである。マレ＝ステヴァンス通りに遺されたそれぞれ違うアーバン・ヴィラとその環境全体が「住まいで都市をつくりうる」ことを現実に示している。

この街路の両側に、マレ＝ステヴァンスの住まいとオフィスを含め、全部で五棟のアーバン・ヴィラと通りの一番奥に管理人住居がつくられたが、建物はすべて彼によって設計された。ここに、一九二七年に撮られた一枚の写真がある。マレ＝ステヴァンス通りに並ぶ五棟の建物の完成を祝って催された落成式の様子が映っている。当時の記録によると、来賓として一人の大臣と二人の総督クラスの要人が招かれたという。その他、特別に招待されたパリの著名なアーティストとその家族が招かれている様子が映っている。通りの中央でシルクハットを手にもって立つ人物がマレ＝ステヴァンスであり、来賓の祝福に応えている。

パリのオートイユ地区にあるマレ＝ステヴァンス通りとは、まずその名のとおり一九二〇年に建築家マレ＝ステヴァンスが、土地所有者との話し合いのうえで開発した、全長約一〇〇メートルばかりのクルデサックである。これは本来、袋小路つまりブラインド・アレイを意味する街路である。したがって、マレ＝ステヴァンスに委託された開発に関わる代替施工権は、当時としてはきわめて例外的なものであったといわれる。

マレ＝ステヴァンス通りの一連のアーバン・ヴィラの竣工式風景（一九二七）

マレ=ステヴァンス通りに住むことになったクライアントたちは、当時フランスの気鋭の映画監督、プロデューサー、舞台セットの制作者等の映画人、アーティスト、彫刻家など、彼の親しい知人・友人たちであった。最初彼ら仲間はオートイユ地区に然るべき土地を求めて独自の個別の専用住宅（オテル・パティクリエ）を建てることを望んでいた人たちであり、必ずしもマレが考えているようなグループのアーバン・ヴィラを求めていたわけではなかった。一方実質的な企画者であるマレ=ステヴァンスの考えていたことは、自分のデザインによる個別の住宅をつくるのではなく、住み手の属性や生活スタイルを十分に考慮したうえで、新たなモダニズム建築としてのアーバン・ヴィラを実現することであり、クルデサックという小径が媒介となって建物相互に親和性が生み出され、伝統都市パリの賑わいのなかにありながら静謐な一画に住むことのできる、他にはない環境をつくることであった。言いかえれば、一方に彼の手がけたモダニズム建築によるカントリー・ヴィラがあるとしたら、同じく他方において都市性を享受しうるアーバン・ヴィラの可能性に挑んだのである。

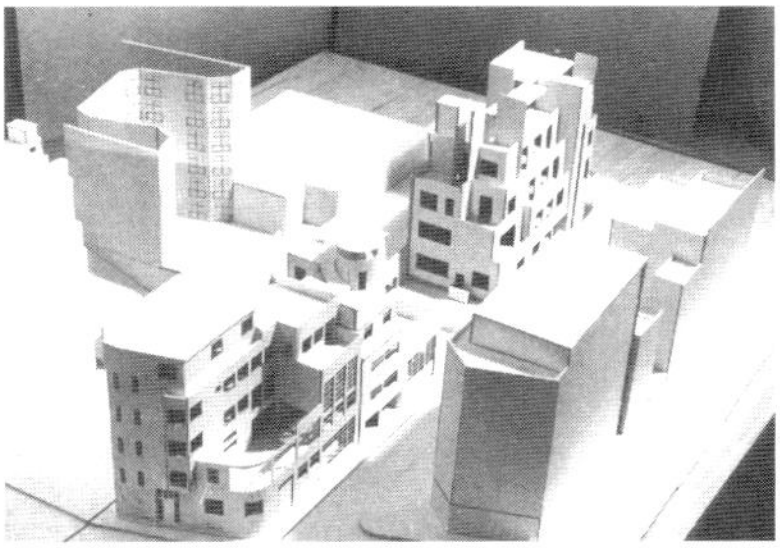

マレ=ステヴァンス通りのアーバン・ヴィラのスタディ模型

マレ＝ステヴァンス通りの建築線

マレ＝ステヴァンス通りというクルデサックの両側の宅地は、通常の市街地のメゾンの場合とは違って、間口に対する奥行き比が小さい。したがって街路側にフロント・コートのような庭園をつくることは、はじめから困難であった。そのように建物の敷地に対する適応の仕方に自由度は少ないため、逆に「建物位置指定ライン」を設定して、すべてのヴィラが沿道性を保ちながら、歩道との間にわずかな帯状の植栽帯を設けることを共通のルールにした。沿道性を主目的とする建物位置指定の考え方は、街路が充分な幅員をもたない場合に、ある一定の天空率を確保すると同時に街並みを整えるうえで有効である。また建物が上階に行くにつれセットバックし、同時にヴォリュームの分節化が、建物相互に適度なスケール感を与え全体として親和性を感じさせる建物となっている。

宅地は、それぞれの建て主の求める建物の規模によって大きさは一律ではない。いずれにしても建物が水平に広がる程の広さはないことから、ヴ

クルデサックの奥から大通り方向を見る（一九二七年竣工当時写真）

ィラの空間構成は垂直的な解決にならざるを得ない。またヴィラとして必ずしも共通性があるとは限らない。クルデサックの導入部に最初につくられたマレ=ステヴァンス自身のヴィラのように、住居に事務所を併設する複合体であったり、彫刻家マーテルの住まいのように彫刻制作のアトリエ付きのヴィラなど、建物のボリュームも開口形式も一律ではない。

一方クルデサックの道路幅は約五メートルで両側に約一メートル程の植栽帯付きの歩道が両側に設けられている。決して広くない街路の天空率を高めるうえで、すでに述べた建物の沿道性を維持しながら上方に向けてセットバックをすることがヴィラ全体の共通のルールになっている。一人のマレ=ステヴァンスという建築家の設計による統一化というよりは、建築家が設定したルールをそれぞれの建物に語らせていると理解する方が妥当である。これは、実に巧みな建築の都市への語りかけであり、同時に建築が都市に包摂される場面であるともいえる。

ステヴァンス通りを挟んで、対面して建つ四棟の建物の大きさはそれぞれ違う。また一見したところ分割された土地に各住棟が配置されたように見えるが、実際はそうではないことが、遺されたドキュメントからわかる。

現在のマレ=ステヴァンス通りの奥から大通り方向を見る（二〇一六年撮影）

大通りからステヴァン通りに向かって左側に立つ二棟と右側に立つ二棟はそれぞれ大きさも高さも違う。その二棟の高さ、全体の長さ、階高、二棟の離隔距離のすべてが、立面に示された独自の「指標線（トラセ・レギュラトール）」にしたがって決まっている。大小二棟の離隔はある任意の数値によっているのではなく、指標線に基づいた全体のオーダーのなかで決まっていることがわかる。使われている指標線は、ある半円に外接する長方形（正方形×2）とその対角線を基準としてすべてが決められている。ただし、筆者がこの一連の建物を最初に訪れたのは、一九八五年のことであり、その後二層ばかり増築されたことは話に聞いていたが、やはりそれも当初の指標線を守って実行されていることが直近の現地写真で確認できたときは、抑制の利いたモダニズム建築の一面を見る思いがした。

コルビュジエが、やはりパリのオートイユに建てたラ・ロッシュ邸や、ラ・ショー＝ド＝フォンに建てたシュウォブ邸（第一章参照）に用いられた指標線は、二棟にまたがるものではなく、あくまでも一棟の建物の立面構成に限られていたことを考えると、マレ＝ステヴァンスはあくまでも恣意的な決め方を避け、合理性と幾何学性にこだわった建物全体のスケール

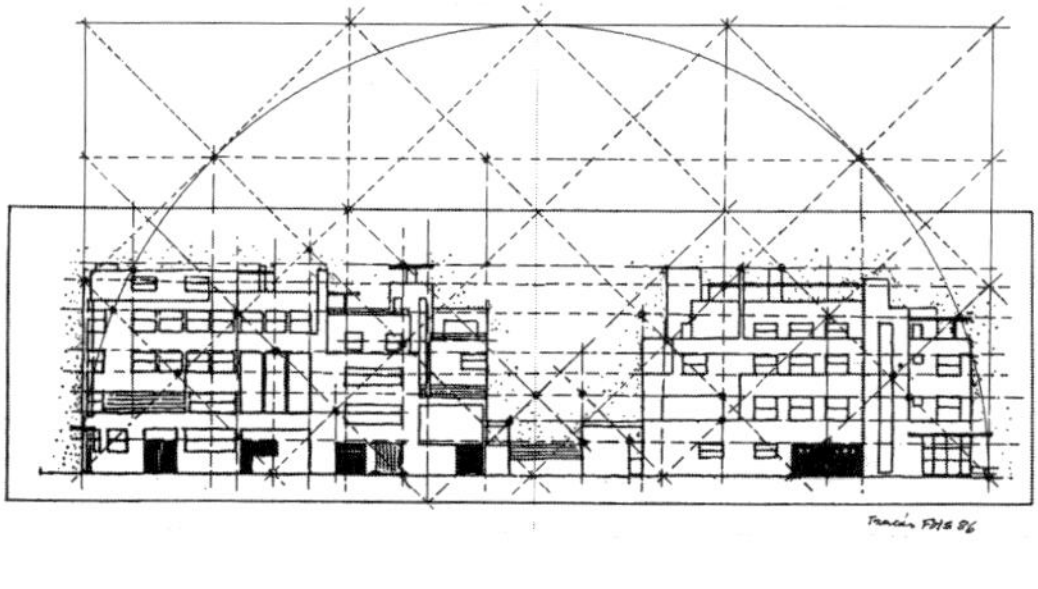

建物の立面に適用したマレ＝ステヴァンスの指標線（トラセ・レギュラトーレ）

の決め方を実行したのではないかと思われる。

アーバン・ヴィラとは

マレ＝ステヴァンス通りに建つモダニズム建築としてのアーバン・ヴィラはどのような構成であろうか。すでに触れたが、建築家によって決められた街路に対する「建物位置指定ライン」の設定が、建物の沿道性を確かなものにしている点は、伝統的な「都市建築としての住居」のモデルを引き継いでいる。ただし「共有境界壁」による建物相互の連担性はヴィラ・マレ＝ステヴァンスとヴィラ・マーテルの両者の間に見られるだけで、他三棟はある一定の離隔距離を保って有効な植栽帯として、あるいは建物へのサブ・アクセスとして使われている。この部分が前述した「指標線」によって決められている離隔距離である。建物の断面構成は、基底部、中間部、頂部の三層構成を見ることができる。

一九二七年のマレ＝ステヴァン通り竣工時には、クルデサックを挟んで全部で大小、五棟（管理人住居を含む）のヴィラがあった。大通りからク

ヴィラ・マレ＝ステヴァンスと境界共有壁で隣接する彫刻家マーテルのヴィラ。右はスタジオ内部

ルデサックに入る最初のコーナーに、マレ＝ステヴァンス邸と彫刻家のマーテル邸の合体した一棟の建物があり、次に続くライフェンベルグ邸の計二棟が並んでいて今日も変わらない。一方、対面する側には、大通りから見て最初に比較的小さなドレフュス邸があり、続いてアラティーニ邸が並んでいたが、その後一部増築、改築されて当初のものに比べてスケールは変わったものの、白亜のボリュームの分節や開口部のスケールを大きく変えるものではない。

それぞれのヴィラと街路との関係を見たとき、これまでの伝統的なメゾン・ア・ロワイエは街路への出入り口の他に店舗やレストランがあるのに対して、マレ＝ステヴァンス通りに並ぶ新時代のアーバン・ヴィラはシトローエンやアルファロメオの車を収めるガレージ、そしてオフィス、仕事場、アトリエ、ランドリーを含むユーティリティ・ルーム等が充分な広さをもって街路に面してつくられている。これらは上階の主たる生活空間と同じような重要な空間として位置づけられており、決してネガティブな要素として扱われてはいない。それは建物外壁の幅木部分に施されたコンクリートの帯状のギザギザ模様が一様に施されて一体感を表現していること

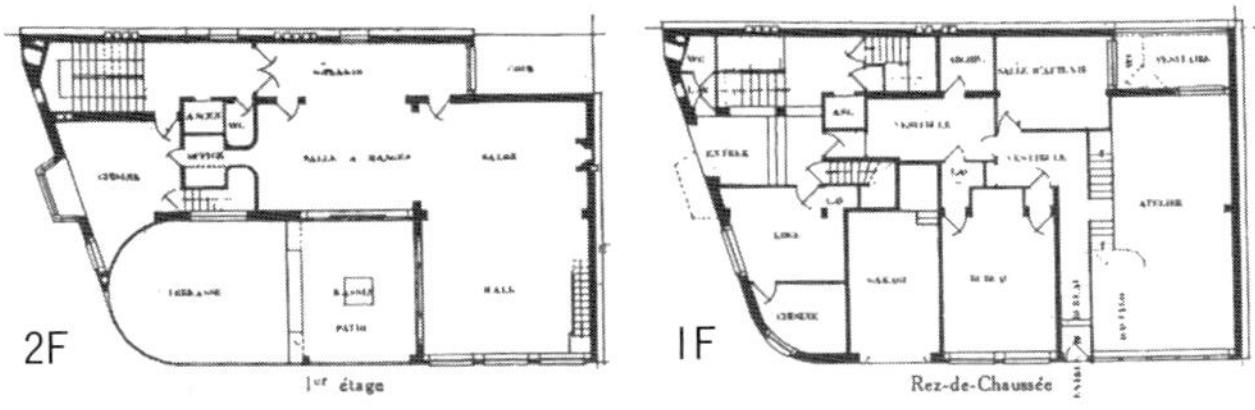

ヴィラ・マレ＝ステヴァンスの各階平面図（竣工時）

からもわかる。ガレージの大扉にしてもユーティリティ・ルームの開口部にしても、それはジャン・プルーヴェのデザインした各住棟の出入り口、エントランスの鋼製柵と同等のものとして扱われている。通りには店舗はない。どこまでも住人には静かな環境が整えられている。全体の佇まいからは静寂が感ぜられても寂しさはない。マレ＝ステヴァンスに協力したアーティストたちは、ピエール・シャロー[5]をはじめとして、ルイ・バリエ、シャルロット・ペリアンなど当時第一線で活躍していたデザイナーばかりであった。

都市街路の包領地化
クルデサックとプライベート・プレイス

はじめに建築家個人の名前のついた「マレ＝ステヴァンス通り」は、パリ一六区のオートイユ地区の数あるクルデサックの一つであることに触れた。このフランス語のクルデサックは、英語でいえばブラインド・アレイ(blind alley) であり、日本語の「袋小路」で、街路としては通り抜けができ

ヴィラ・マレ=ステヴァンスの一階にある彼のアトリエ

ないものである。つまり通過交通を許さない住宅地の一形態であるが、パリのような歴史の古い都市においては、この種の街路の発生形態は複雑で一様ではない。大街区の再分割の過程で生まれた調整部分の有効活用として生まれたとも考えられる。

アメリカ合衆国の中西部にセント・ルイス（St. Louis）という都市がある。そのセント・ルイスは一八世紀半ばにカナダからミズーリ河を下ってやってきたフランスの毛皮商人ピエール・ラクレード（Pieere Liguest Laclède）によって築かれ、ルイ九世（聖王）に因んでサン＝ルイ（Saint=Louis）と命名された都市である。この都市の住宅地には、クルデサックとは別の「プライベート・プレイス（private place）」といって、街区の中央に直線上の緑地帯があり、それを挟んで二筋の通りが両端で一つになって通常の都市街路につながる。そしてそこには「ポータル・ゲート（portal gate）」として、門柱と鉄柵が設けられ、場合によっては管理人の建物が控えることもある。この内部化された二筋のインナー・ストリートに接して画地を所有し且つ住居を持つ者は、ストリート・アソシエーション（Street Association）といって一種の組合のメンバーとなって街区内の景観管理に責任をもつ。つまり

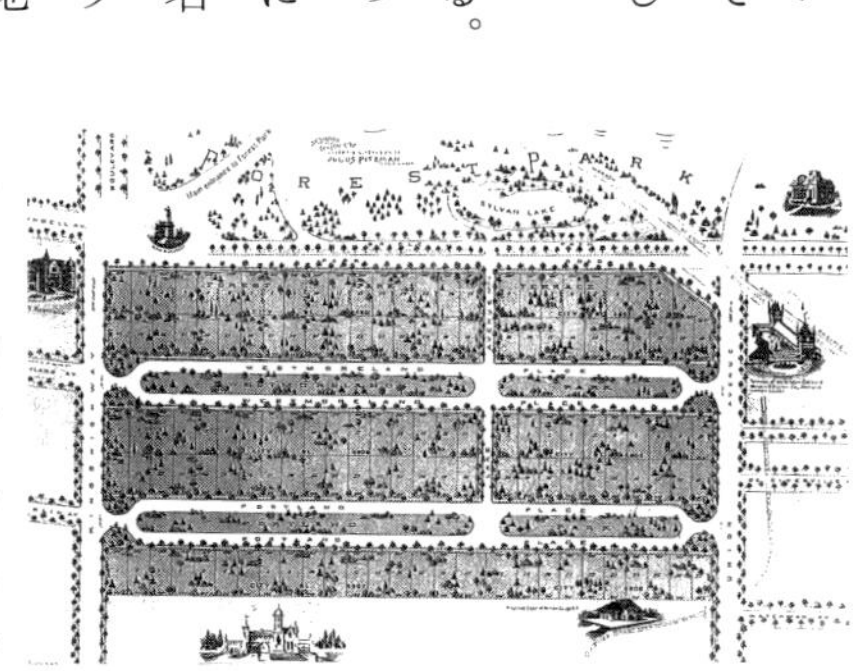

アメリカのセントルイス・シティの住宅地にみられるプライベート・プレイス（包領地化）の例

植栽・樹木、街路灯、舗床等に対して維持管理する義務がある。その代償として、土地・家屋への資産税が軽減される。また通常の一般街路と違って、居住者のプライバシーと安全確保の観点から、通過交通を排除するシステムとなっている。実は、この「プライベート・プレイス」と酷似した形式の住宅地がパリのオートイユ地区の区境でもあるスシェ大通り(Boulvard Suchet)の一画に並んでいる。

そのようなことから考えると、クルデサックが何らかの経緯を経てプライベート・プレイスの形態に変わったのかもしれない。何故ならマレ＝ステヴァンス通りを除くパリのオートイユ地区のクルデサックの多くは、その入り口にあたる場所に何らかの管理人住宅があり、通過交通を制御する形態をとっていることから「プライベート・プレイス」の前身ともいえなくもないからだ。これは両者とも、住宅地の「包領地化(enclave)」の形態を意味する。長い市民社会の住宅都市としてつくられてきたパリの市街地に、一方でマレ＝ステヴァンス通りのようなクルデサックがあり、他方にプライベート・プレイスをもった高級住宅地区があるのは異なる時代の遺した包領地化の都市風景ともいえる。

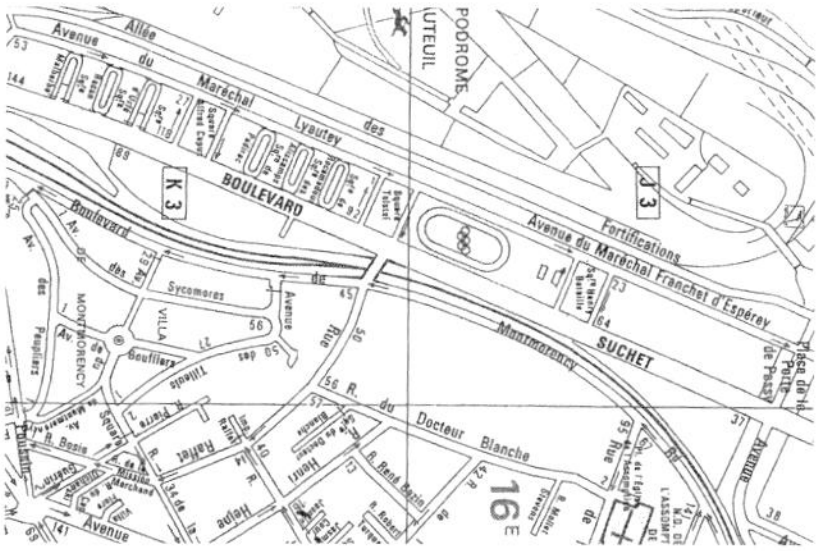

パリのオートイユ地区の一画にみられるプライベート・プレイスの例

すでに述べたように、マレ゠ステヴァンス通りの長さにして一〇〇メートルばかりのクルデサックを開発するにあたって、新しいモダニズム建築による「アーバン・ヴィレッジ」を実現するために、最初に「建物位置指定ライン」のルールが設定された。そして、多くの場合、クルデサック通りの入り口におかれていた管理人の住居を、完全に逆転して通りの一番奥に建てた。一方その導入部には、ポータル・ゲートや鉄柵を設けるのではなく、予定された五つのグループ・ヴィラのうち一番大きなマレ゠ステヴァンス邸を大通りに面するコーナーに配置して、建物自体を一つのランドマークとして位置づけた。いずれにしても、旧来の「包領」としてのクルデサックからの開放と都市性の回復をはっきりと意図したものであろう。

クルデサック奥をみる（一九二七年竣工時写真）

都市をつくるアーバン・ヴィラ

マレ゠ステヴァンスは、自分の建築について次のように語っている。

自分は、建築におけるボリュームは、建築のそれぞれの部位のディテール以上に重要であると考える。どちらかというと「ファサード」より「ボリューム」の展開を重視する。

このことが彼の考えるモダニズム建築の基本であるとすれば、まさにこの言葉どおりの風景が、ステヴァンス通りに展開されている。個々のヴィラの設計に当たっては、固有の形態操作、つまり一層に限らず二層、三層を単位とする上方へのセットバックと、内部機能に対応したボリュームの分節、建物全体のスケール・ヒエラルヒーへの配慮、当時の衛生思想に応える白亜の外装など、それらが一体となって統一性と多様性を生み出している。都市に住むことをこよなく愛する人たちのための「都市建築としての住居」は、新しいアーバン・ヴィラへの挑戦であったといってよい。

これまでマレ＝ステヴァンス通りとはどのような「通り」であり「場所」なのかを語り、そしてそれが何故「建築家の遺した証跡の風景」であるかを語ってきたつもりである。一人の建築家がクライアントに応えて輝かしい建築を遺すことは、望むべき姿としていつの時代もおなじであろう。建築家の遺した証跡の風景というのは、手がけた建築全体を通して何が

クルデサックの入り口に建つヴィラ・マレ＝ステヴァンス（竣工時）

語られているのか、単体であるにせよ集合体であるにせよ、建築の背後に潜む歴史的文脈あるいは文化的文脈を読み解くうえで、歴とした証跡として存在することである。マレ＝ステヴァンス通りに展開されたアーバン・ヴィラとその環境全体は、モダニズム建築が残した「住まいが都市をつくりうる」ことの「証跡の風景」である。

一九二〇年代といえば、コルビュジエが「輝ける都市」を標榜し、計画案を次々に世に示していた。「三〇〇万人のための現代都市」やパリの既成市街地の「ヴォアサン計画」は、いかに衝撃的なものであっても、誰一人それがどのような街であるかを体験することができなかったことにおいて、これ以上悲運なものはなかったといえる。建築史家の評価は別としても、実体験しようにも現実に都市が存在しない以上、いかに快適で良い都市であったのか、いかに退屈な都市であったのかを計る術もない。一方、旧来の伝統都市を越えて近代都市とはいかにあるべきかを鋭く問うたものとすれば、それはインパクトの大きなものであったことは間違いない。しかしあくまでそれは、個人の「マニュフェスト」として遺されたものである。

クルデサックの一番奥にあった管理人の改修後の建物（二〇一六年撮影）

本章で論じたマレ＝ステヴァンス通りに遺されたアーバン・ヴィラの歴史は、同じパリの出来事といっても、そのインパクトはコルビュジエのヴォアサン計画のようなものとはまったくスケールの違い過ぎる話である。パリのオートイユ地区、それも小さなクルデサックのなかにあって、約一世紀以上前に造られ、今日もなお建物が残っているだけではなく、改築・増築を経て現実に人々が生活し住み続けている。パリの大通りにつながっているとはいえ、大通りの雑踏から身を潜めるように佇むアーバン・ヴィラに接して気付くことは、「モダニズム建築の遺したアーバン・ヴィレッジ」をいまなおここでは体験できることだ。その意味で建築家マレ＝ステヴァンスは、文字どおりマレ＝ステヴァンス通りという時の刻まれた「証跡の風景」をいつまでも遺している。

マレ=ステヴァンス通り入口（二〇一六年撮影）

東京・旧山手通りに並ぶ代官山ヒルサイドテラス（1969-98）と旧朝倉邸（1918）

第5章

新たなアーバン・ヴィラを求めて
代官山ヒルサイドテラス

これまで第一章から第四章までを通して、ジャンヌレの二つのヴィラ、オルブリッヒの芸術家たちの村に展開されたヴィラ、近代建築の象徴としてのコルビュジエのヴィラ・サヴォワ、そしてマレ＝ステヴァンスのパリに遺した一続きのアーバン・ヴィラ、これらを、一世紀のスパンのなかでそれぞれを見てきた。

プレ・モダニズムからレイト・モダニズムに移行する過程において、ヴィラという「住まい」は必ずしも田園ではなく、都市との関係においてより密接なものとして、新たな一つの都市建築となった。

一方、モダニズムにおいては都市との文脈を絶って展開されるマス・ハウジングがこれまでの伝統的な「都市に住む」ということを放棄するかたちで進められた。同時に二〇世紀の初めにマレ＝ステヴァンスが、パリのクルデサックに当時としては稀有なアーバン・ヴィレッジを残している。そして住み手は都市に住むことを進んで求めている人たちであった。いま最終章で「住まいが都市をつくる」ことがはたして何であるのかを語ることにおいて、建築家・槇文彦の手になる都市建築としての現代のアーバン・ヴィラが展開された代官山ヒルサイドテラスについて触れなければならない。

日本の都市の根底にあるもの

我が国の住まいのつくられ方を振り返ってみるとき、肯定的であるにせよ否定的であるにせよ、最初にその根底にある二つの考え方に触れておく必要がある。ひとつは旧来からの「画地主義」であり、もうひとつは戦後の「団地主義」という考え方である。

「画地主義」は「敷地主義」といってもよいが、土地所有の絶対性とその私的財産権の行使の自由を前提とする居住の考え方すべてを指す。画地内の法に準ずる建築行為は、常に個別的であり、他を含む全体の最適化を担保するものではない。したがって敷地、即ち画地単位で完結する住居は他との連担性がなく、所定のルール（約束事）や取り決めがない限り予定調和の環境も「まちなみ」も生まれてこない。例えば建物の沿道性など所定の建築線の設定による全体的な調整、言い換えれば予定調和を阻むのはこの画地主義にある。それが戸建て住宅であれば、住宅地全体は個々の「マイホーム」という限りない「パビリオンの集合」に向かう。

一方の「団地主義」は画地主義とは違って旧来のものではない。主として第一次大戦以降のヨーロッパ諸国の住宅政策の一つとして生まれ、既成市街地との文脈を断ち、孤島性の強い自己完結型の計画概念の基本をなす。系譜をたどれば、近代の社会主義的ユートピアン[1]（フーリエ、ゴダン、オーエン等）の思想に端を発し、後のモダニスト（コルビュジエ、グロピウス、エルンスト・メイ他）に継承され発展した居住地計画ともいえる。

都市近郊に連綿と続く「戸建て住宅」が、ストックとして世代間の円滑な更新と継承を難しくしているのは、単に少子高齢化社会の価値観の変化によるだけではなく、我が国固有の「画地主義」と没個性的な「団地主義」による住まいのつくられ方にも関係している。したがって本稿の主題である「住まいが都市をつくる」ことが何であるのかを考え、旧来の二つのイデオロギーを払拭するうえで新たなアーバン・ヴィラのあり方を探し求めることは意味のあることだろう。

パビリオンとは、公園のなかに建つ「四阿《あずまや》」を指す。転じて周囲から際立つ自律性の高い建築を「パビリオン建築」と呼ぶ。差異化を最大の目的とするエクスポの展示場建築をパビリオンと呼ぶのはその代表例である。

都市に住むとは何か

かつて建築家・宮脇壇はヨーロッパの歴史都市を訪れ、焼きたてのバゲットを抱えて街行く人の姿を見て「人の住む所（こそ）が都市である」と明解に語ったことがある。いいえて妙なる言葉である。それに応えていうならば、歴史的にみて「良い都市には、必ず良い都市住居があり、それは都市建築である」ことを付け加えたい。これは「都市建築としての住居」がアーバニズムと深くかかわることを物語っている。したがって「都市建築」とは、都市にある建築物一般とは決して同義ではない。

パリは世界最大の「住宅都市」といってよい。いまなお多くのパリ市民の住むメゾン・ア・ロワイエ[2]と呼ばれる賃貸共同住宅は、一九世紀半ばフランス第二帝政期にナポレオン三世の大命を受けてオースマン[3]が推し進めたパリ大改造を契機にうまれた。ブールバール（街路樹を伴う大通り）に沿って建ち並ぶ建物がそれであり、いまも変わらぬパリの都市相を語るうえで見逃せない。もともとパリには「都市建築としての住居」の古典的モデルとして、一七世紀の初頭につくられたヴォージュ広場を囲む都市貴族のためのハウジングや、ルイ一四世時代につくられたヴァンドーム広場からリヴォリ通りにつながるメゾンがある。

一方、産業革命を一足さきに成しとげ、資本主義経済へ移行したイギリスのロンドンもまた偉大な「住宅都市」である。一八世紀半ばからロンドンのような大都市には、台頭したブルジュアジーのための住宅が必要になった。大地主で世襲相続の許されていた貴族たちが、その特権をもつかわ

パリのリヴォリ通りに建ち並ぶメゾン・ア・ロワイエ

りに地域社会に貢献する資産運用として住宅供給事業を始めた。それによって生まれた「都市建築としての住居」が、スクエアーと呼ばれる庭園広場を囲む当時のジョージアン・テラスハウス[4]の名で知られるタウンハウスである。

いま「都市建築としての住居」の源流を辿ると、上記二つを含む次の五つを歴史に学ぶモデルとして取りあげることができる。いずれも、国、時代、歴史文化の違うなかで存在したものであり、いまなお現存する都市住宅である。これらの住居には都市建築としての構造的な類似性がある。

古代ローマのドムス
中国の四合院住宅
京の町家
ロンドンのジョージアン・テラスハウス
パリのメゾン・ア・ロアイエ

古代ローマのドムスと中国の四合院は、住居相互の離隔距離をもたない

ロンドンのスクエアを囲む
ジョージアン・テラスハウス

ゼロ・ロット方式[5]の形態であると同時に、アトリウム[6]あるいは院子と呼ばれる中庭（コート）によって採光、換気、通風などの一定の居住レベルを保ち、全体として高密度居住を可能にしている。

　京の町家とロンドンのジョージアン・テラスハウスついては、限られた間口に対する奥行方向の自由度を最大限に生かした平面構成によって、街路に対して「表－奥」「表－裏」の二面性を確保しつつ居住密度を高めることを可能にしたタウンハウスといえる。

　パリのメゾン・ア・ロアイエは、ロンドンのテラスハウスと違って街路に対する充分な間口を求める代わりに、複数の世帯が上下に住み分ける多家族共同住居である。「第三の土地」ともいわれる堅固な境界共有壁は、都市街路に対して隣接する建物相互の連担性を強め且つ多様なファサードを生み出す。住棟の裏側では、互いのルールとして中庭協定が結ばれ環境の安定化をはかる。

　このように、五つの歴史的な「都市建築としての住居」には共通する構造的な特性がある。これらはいずれも、居住部分は「構造化されたソリッド」であり、中庭、坪庭、コート、アトリウムは「構造化されたボイド」

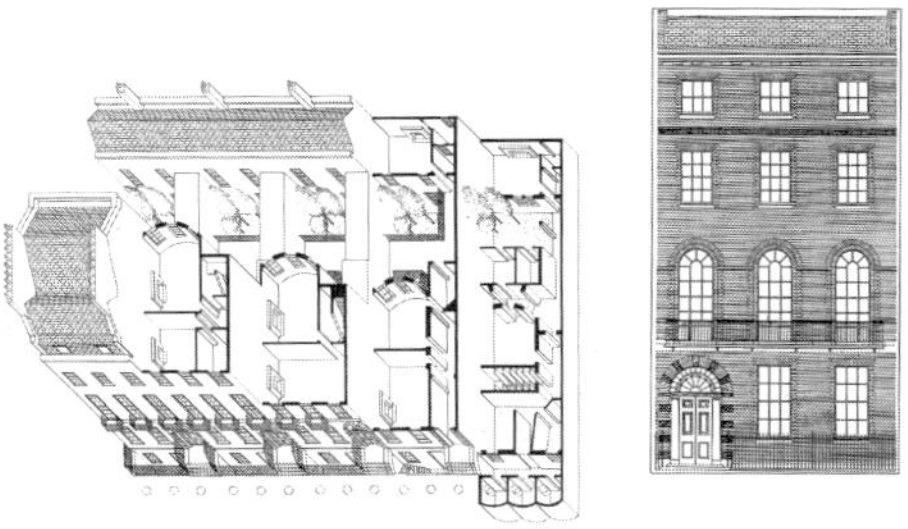

ロンドンの代表的なジョージアン・テラスハウス

として構成され一切の未利用地をもたない。最終的に都市組織をかたちづくる連担性の強いアーバンユニットである。

歴史都市が示すように、本来人の住む所こそ良き都市であるとすれば、

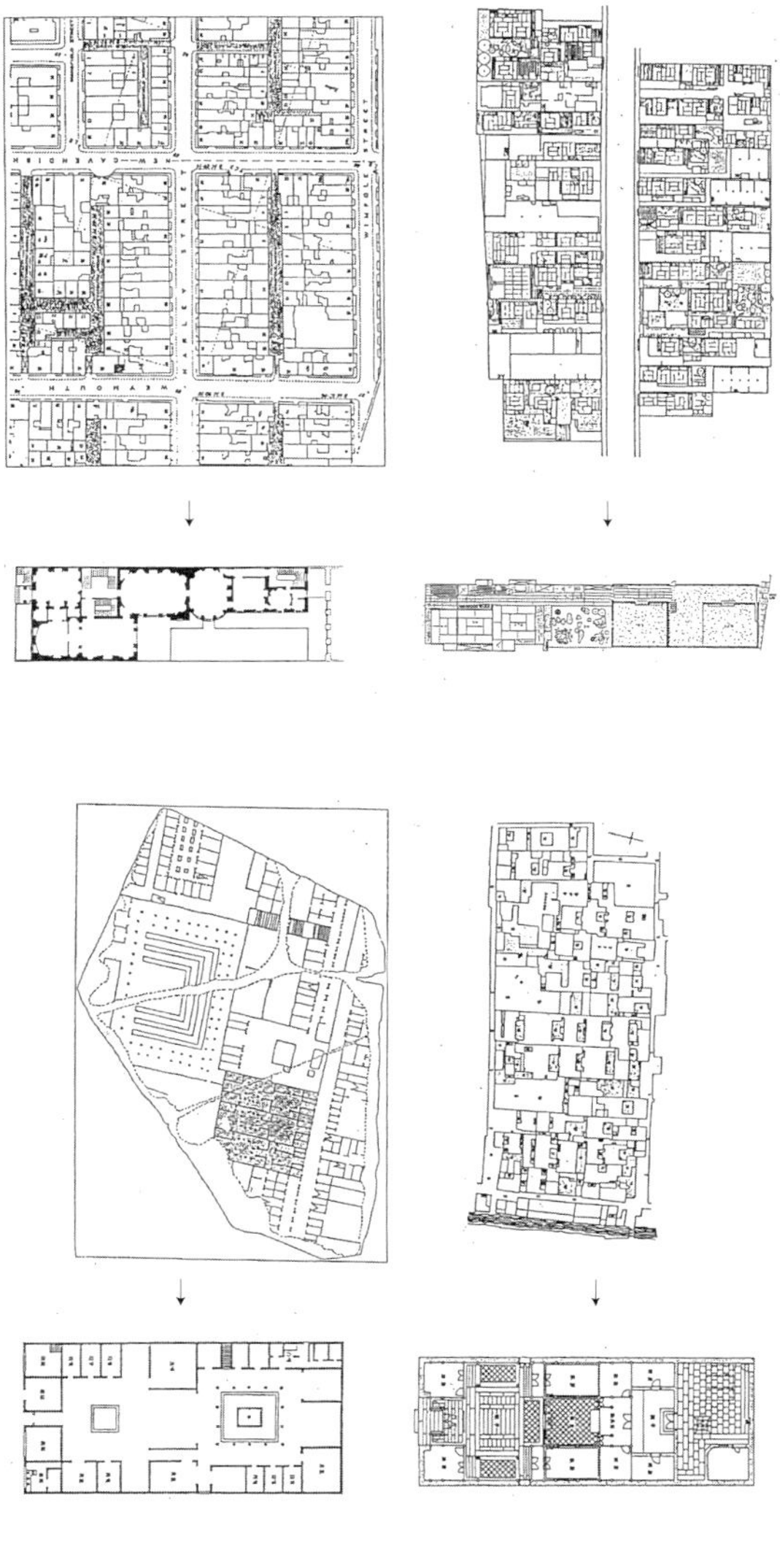

都市建築としての住居の源流。ロンドンのテラスハウス（上左）、京の町家（上右）、古代ローマのドムス（下左）、中国の四合院（下右）

あらためて現代都市において「都市に住む」とは何かを問うてみたい。それは都市の付加価値を求めて集まる人々が「いかに住み、住み分ける」のかということを意味する。

住み分けの仕方

ゼロ・ロット方式とパビリオン方式

人が集まって住むとき、住まいの形態は場所の空間価値と居住密度によってきまる。都市の場合一般的にいって周縁から中心に向けて空間価値も居住密度も高まり、住まいの形態は独立住宅居住から共同住宅居住へと遷移するのが住み分けの原理であり結果である。

具体的な建物の敷地との適合関係において住み分けの仕方をみた場合、先に触れた「ゼロ・ロット方式」と「パビリオン方式」の二つがある。

ともに一画地一棟を原則とする。ゼロ・ロットライン方式の場合は建物と設定された境界との間に一切の空地を残さない。したがって境界共有壁によって隣家との「離隔距離がゼロとなる」方式である。一つの一体化し

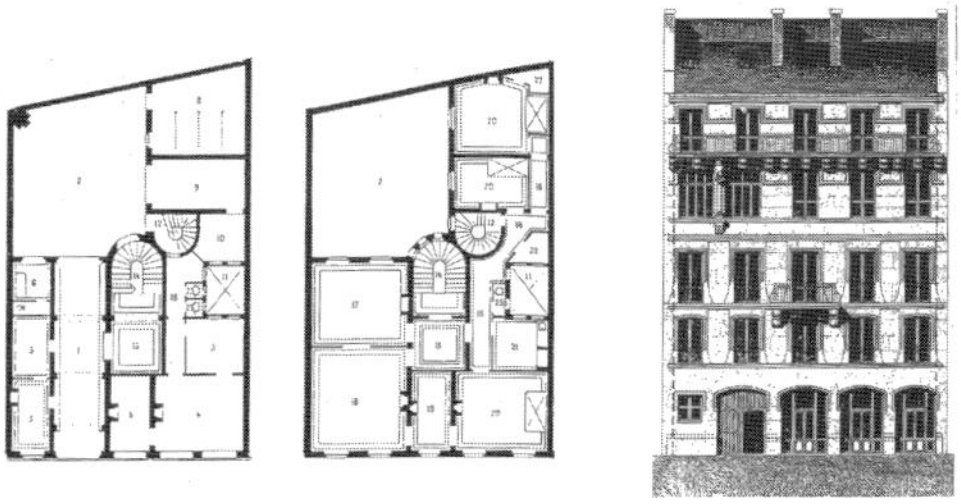

パリの代表的なメゾン・ア・ロアイエ

た環境単位としてみた場合、構築されたソリッド（居住部分）と構築されたボイド（コート、中庭）以外に曖昧なものはない。個別性を確保したうえで高密度の集住を可能とする。

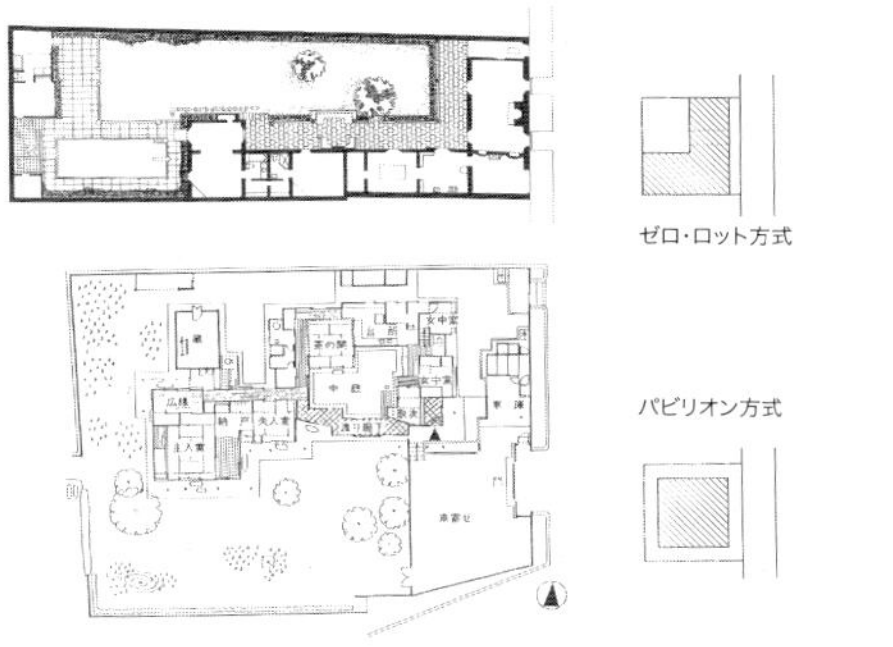

歴史的な都市住居の敷地に対する適応の仕方。ゼロ・ロット方式とパビリオン方式

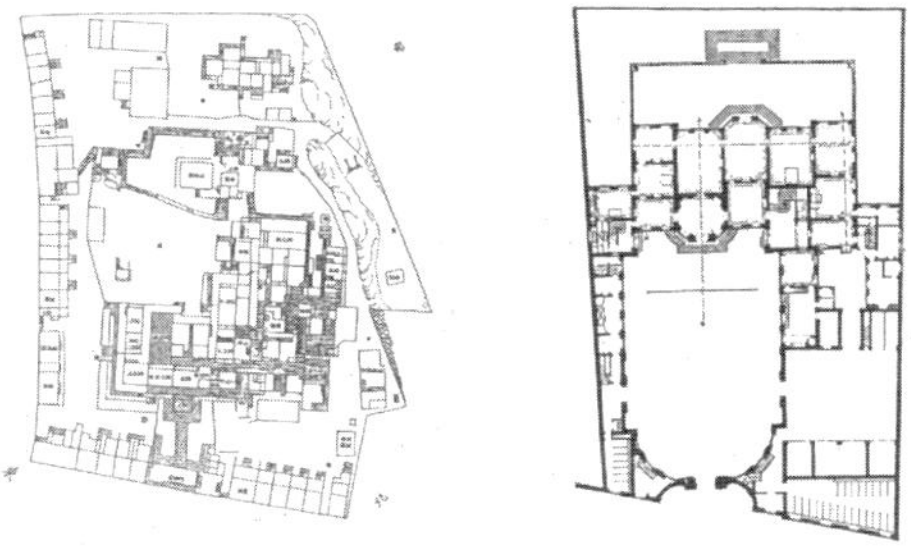

江戸の大名屋敷（鍋島内匠頭直孝邸、1985年、左）とパリのロココ・オテル（1724年、右）

それに対してパビリオン方式の場合は「戸建方式、別名ディタッチド方式」といっても良いが、建物の敷地との適合関係において、建物のまわりに空地が残される。結果として隣家との離隔距離は常に確保されるが、逆に宅地規模が狭隘なものになると一画地一棟の原則は残るものの、まわりに一皮の空地を残すのみとになって本来のメリットを失う。

両者について具体例をあげれば、メキシコのコートハウス（クエルナバカの住宅）と我が国の代表的な屋敷型住宅（北川邸・村野藤吾設計）が二つの適合方式の違いを端的に示している。また規模の大きい邸宅を例にとれば、江戸時代の大名屋敷とパリのロココ・オテル（現在のフランス首相公邸）の比較でも二つの適合方式の違いが明らかである。現実の我が国の近郊住宅地の厳しい住み分けの実態例を見ればわかる。

「ゼロ・ロット」と「パビリオン（もしくはディタッチド）」という対極的な概念は「都市建築としての住居」を論ずるうえで重要なキーワードだということを指摘して、次に「住まいで都市をつくる」ことの観点から代官山ヒルサイドテラスについて語りたい。

代官山ヒルサイドテラスを訪れる

二つのアプローチ

いまや知る人は知る、代官山ヒルサイドテラスを核とする地域一帯は、ほどよい殷賑のなかに文化の香り漂う、そして固有の場所性を感じる界隈である。ここを訪れるには、大きく分けて二とおりの方法がある。一つは「直行型」であり、もう一つは「逍遥型」である。といっても筆者が論考の展開上決めたものであって通常の案内ではないかもしれない。

多くの人がそうするように東急東横線・代官山駅を降りて、小径を抜けて大通りをしばらく行くと旧山手通りに出る。するとまずヒルサイドテラスの一画が視界に入り、それと気付くのに時間はかからない。しかし残念ながらどういうわけか、反対側に渡る横断歩道が近くにないために、戸惑いを感じながら高齢弱者には難儀な高架歩道橋を渡らなければならない。しかし都合の良い点も一つある。登って歩道橋の中央までいくと、そこが旧山手通りの通景のなかに代官山ヒルサイドテラス全体を見渡すことのできる唯一のポイントであるのだ。そして次の瞬間、すでに自分が噂に聞く

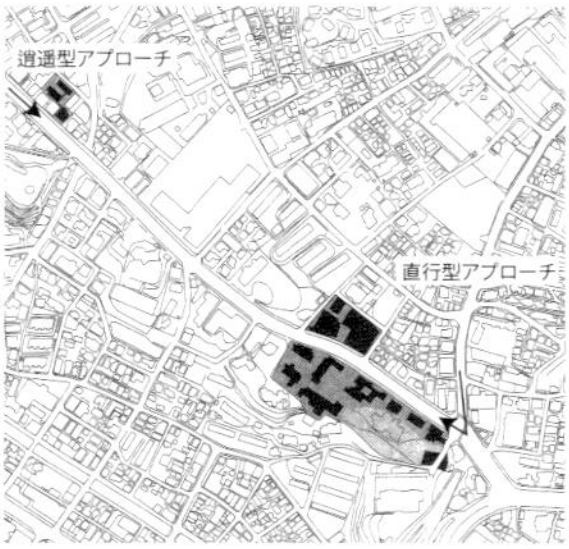

旧山手通りと代官山ヒルサイドテラス

代官山ヒルサイドテラスの界隈のなかにいるという、期待以上のドラマティックなアプローチである。そのせいか引率者が見学のグループをこの架橋の中央から街をさして案内する姿がよくみられた。しかし、残念ながらというべきか、要望がかなえられたというべきか、実は平成最後の年の三月に撤去され、いまはその姿はない。ヒルサイドテラスの工事が着手された時にはなかったことを思うと、互いに半世紀の時を経たことになる。

もう一つは、歩くにしてはやや遠いが、徐々にヒルサイドテラスに近づく気配を感じながら訪れるという、悠長なアプローチである。その起点は、渋谷から南平台の住宅地を通り抜け旧山手通り沿いのマレーシア大使館あたりとするのがよい。したがって、「直行型」は南東側から、「逍遥型」のアプローチは北西側からとなる。実は本稿は、文字どおり後者の「逍遥型」であり、話しの核心にいたるのにやや時間を感じるかもしれない。

旧山手通りと朝倉家

「旧山手通り」とはその名が示すとおり、東京都の中央環状線の山手通り

代官山ヒルサイドテラス界隈

から分岐して駒沢通りに出会うまでの、およそ一キロメートルの限られた区間名称として遺された主要地方道である。古くは渋谷川と目黒川の間の台地の尾根筋を抜ける街道であり、両側には自然林の残る武家の中屋敷、下屋敷等を控えていたと伝えられる。明治末の地図を見ると、この通りの南側斜面と蛇行する目黒川との間の平地に、大きな池泉と回遊式庭園があり、それを望むように西郷邸の名がしるされている。

幕末の藩士・西郷隆盛の実弟・従道の別邸として建てられたもので、のちの地図から判断すると庭園と邸宅は昭和の初めまで遺されていたことがわかる。そして現在は跡地が目黒区の菅刈公園となり、その上が西郷山公園となっている。この尾根筋の道は、現在では道幅が歩道を含めて二二メートルもある広幅員の旧山手通りという歴とした都市街路になっている。近くに西郷橋という名の陸橋があり、その名は西郷邸にちなんだものであろう。かつてこのあたり一帯の地主であり、これから語るヒルサイドテラスの開発者でもある朝倉家は、明治二年（一八六九）曾祖父・朝倉徳次郎の代にこの地で米穀商を営むことから始まったといわれる。

のちに彼は精米業に転じ、近くを流れる三田用水を利用した水車による米の賃搗きを始めた。四代将軍家綱の代につくられた玉川用水の分流としてつくられた三田用水は、現在の旧山手通りを流れ白金へと続いた。かつてはそれが行政界であったともいう。しかし水車の動力として利用された三田用水も、明治の後半には電力の普及とともに、動力源が水から電気へと移り水車の姿が見られなくなって、以降三田用水は暗渠化されたという。

明治維新の地租改正にともない、現物上納から現金払いにかわって農地の維持が困難となった頃、初代朝倉徳次郎は困った農家から土地を買いとり、今日でいう代官山、中目黒、恵比寿辺りまでの二万坪の土地を所有するまでになった。その後、養子となった虎次郎が徳次郎の後を継いで二代目となり、白米商としては東京の四大米穀商の一つに数えられるまでに稼業を拡大した。このように徳次郎の築いた資産を受け継いだ虎次郎が、朝倉米穀商をさらに発展させることになったと伝えられる。

大正四年（一九一五）虎次郎は、渋谷町会議員を経て東京府会議員に選ばれたときに、稼業からいっさい身をひいて政治の世界に身をおくことになる。以降虎次郎は、東京府政、特に渋谷区のまちづくりに果たした役割は大きいといわれる。

日露戦争（一九〇二）後の都市化の波は渋谷にも押し寄せ、特に関東大震災（一九二三）以後は人口の流入が続いたので都市のインフラ整備は急務であったようだ。なかでも教育施設の充実、道路の改良、河川の改修、ゴミ処理など、人々の生活に直接かかわる問題に対して虎次郎は積極的に取り組んだ。まず教育施設の充実ということでは、起債により財源をつくり、大正一三年（一九二三）に鉄筋コンクリート造・四階建ての常磐松小学校を実現した。この時代は木造の小学校が主流であったので、完成後この渋谷町立小学校には、全国からの見学者が絶えなかったという。

また虎次郎が東京府議会議長を務めた頃には、道路の問題に積極的に取り組んだ。特に現在の旧山手通りの敷設については、彼が手がけた最初の幹線でもあり、拡幅、舗装等の道路改良には自分の土地を提供してまでその実現に心血を注いだと伝えられる。その結果、当時としてはかなり広い二二メートル道路ができ上がった。完成当時にはその名も「朝倉通り」と呼ばれていたという。事実、朝になると朝倉家の馬車が、現在の旧山手通りで自宅から出てくるご当主を待つ光景が見られたという。ほとんど人や馬車の往来のなかった当時は、その名のとおり朝倉氏の専用道路に近い状態であったらしい。当時の地元篤志家の一面を忍ばせる。またゴミ処理については焼却場の用地も自ら提供したほどで、昭和三年（一九二八）、ゴミ収集の町営化を実現し、毎日ゴミ収集が行われたのは東京では渋谷だけであったといわれる。「旧山手通り」にはこのような歴史があった。

「逍遥型」のアプローチ

さて、ヒルサイドテラスへ向かう「逍遥型」のアプローチの起点を、マレーシア大使館辺りとしたのには理由がある。大使館は、街路に直接面する大掛かりな建物で、イスラミックなデザイン・モチーフが随所に見られる建築で誰もがその存在に気付く。それがランドマークとしてわかり易いということだけではなくて、大使館を過ぎてしばらくすると、このあたりではまず見かけないひと際目をひくエレガントな建物に出会う。

それは三層構成の均整のとれた建物であって、正面からは気付かないが裏通りの建物とパサージュ[7]でつながっている。旧山手通りに面する建物の基層部は、入り口を含めすべてガラスで外部と区切られていて透明性が高い。中層部はすべて前面が繊細なアルミ・スクリーンに被われ、また頂部に大きく張り出した庇も同じく細かなアルミ・ルーバーからなる軽やかなものである。見上げると透過する微妙な光が美しい。この洗練された佇まいは道行く人々を立ち止まらせるのに充分な魅力がある。内部化されたパサージュとよばれる通路を抜けると、表通りからはわからない建物が奥にあることに気付く。大きさの全く違う表と裏の二つの土地を、パサージュという空間形式よって結びつけ、その巧みな土地利用から生まれたインフィル型の「都市建築」に他ならない。実はこの建物は「ヒルサイド・ウエスト」と呼ばれる建物で、一九九八年に完成した槇文彦の建築作品である。

目的のヒルサイドテラスはここから約五〇〇メートルほど先であるが、最初にでき上がった第一期のヒルサイドテラスが一九六九年の竣工だとすると、足掛け三〇年の道のりを経て最後につくられたものである。その意味で、北西から南東に向かう「逍遥型」のヒルサイドテラスへのアプローチは、いきなり界隈に入る「直行型」とは趣を異にする。

旧山手通りの歴史的な背景に触れながら、懐旧を兼ねたレトロスペクテ

ヒルサイドウェスト

ィブな散策とでもいえるかもしれない。その意味では、ヒルサイド・ウエストは文字どおりこれから訪れるヒルサイドテラスへの誘いを示す一種のポータル・ポストに思えてならない。

ヒルサイド・ウエストをあとにしてしばらく行くと、前述の西郷橋という名の橋を渡るが、そこはちょうど武蔵野台地の自然林の遺された西郷山公園の入り口にあたる。ここだけは通り沿いに建物もなく、街路樹の先に遠くまで空がひらける。この公園は、すでに触れた西郷邸のあった屋敷地の一画で、現在は高台の眺望のよい場所として知られ、いつもそこには訪れる人の姿を見かける。

およそ一キロメートルの旧山手通りには、一九六八年に開館したエジプト・アラブ共和国大使館だけでなく、一九七一年にマレーシア大使館、一九七九年にデンマーク大使館が開館している。そのほか南平台の古い住宅街にも幾つかの大使館がある。

東京都内で特に大使館の多い所として、港区の麻布界隈が知られている。江戸城に近いこの地域には、かつて江戸詰め大名の上屋敷、下屋敷が集まっていた。その多くが明治維新後の新政府に接収された後、相応の大きさの土地であった当時の屋敷跡が諸外国の大使館にあてられたのが始まりといわれる。その意味でいえば、旧山手通りについても宅地の大きかった場所は、後に大使館、学校、宗教法人等の公的施設が誘致される対象になったと考えられる。

大使館のある街

なかでも特に外国大使館の点在する一帯は、他にはない特有の雰囲気をかもし出す。大使館は、駐在国に許された唯一の国外領土ともいえる特殊な領域である。それらは自国を代表するシンボルとしての重要性と治外法権によって安全が担保された環境でなければならない。したがって、どこの国の大使館であっても、基本的には独立性の強い、ときとしては閉鎖的な場所となっても別に不思議ではない。それだけに道行く人には近づき難い存在である一方、その静かな佇まいに一種の秘匿性を感じ、逆に手近な外国というある種のエキゾティズムを生む。近くに大使館があることが、名門住宅地としてのプレスティイジとなるのは、そのようなことによるもの

旧山手通り沿いにあるマレーシア大使館

と思われる。良質な環境を担保する一つのスタビライザーでもある。

西郷橋を過ぎてしばらく行くと、バプティスト教会団の建物があり、その先左手に都立第一商業高等学校に出会う。この学校はたいへん歴史が古く、大正七年（一九一八）に設立されて以来およそ一世紀の間、他に移転することもなくこの地にある。歴史のある伝統校ともなれば、改築を重ねることはあっても、卒業生との関係もあって簡単には移転することは難しくなるのであろう。

実はいみじくも同じ年に、反対側に大きな地所を持つ初代朝倉家の朝倉虎治郎が、通りを挟んで少し離れた所に二百四十坪の純和風の自邸を建てた。両者はこの朝倉通りを挟んで建っていたわけで、二つとも一世紀前のこの街路を知る数少ない建物であることになる。さぞや当時は静かな風景であったであろう。

現在通りには、レストランや歩道沿いのオープンカフェ等が並ぶ。徐々に気配としてヒルサイドテラス通りの賑わいを感じる頃、右手に建築家・竹山実の設計したエジプト・アラブ共和国大使館のあることに最初に気付く。そして旧山手通りがわずかにカーブを描いて曲がり、また元に戻る反

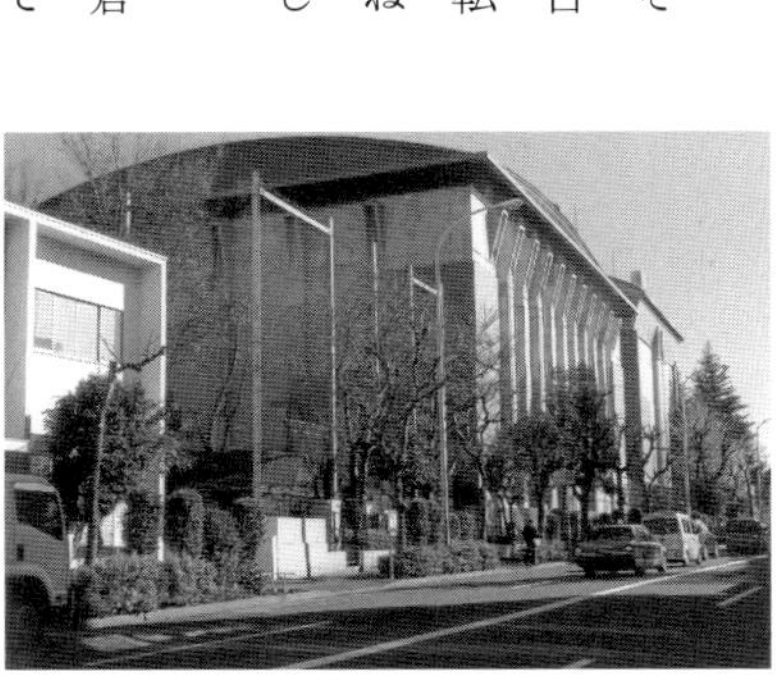

旧山手通り沿いの東京都立第一商業高等学校

曲点と思える地点がある。ここでデンマーク大使館が街路樹の間に見えてくる。それはヒルサイドテラスに近づいたことを知らせるランドマークでもある。

デンマーク大使館は、やはり一九七九年にできた槇文彦の建築作品である。すでにヒルサイド・ウエストが「この先五〇〇メートルいくとヒルサイドテラス」であることを予告する一種のポータルポストのような存在であるといったが、デンマーク大使館は最初の到達点でもある。何故ならこの大使館は、代官山ヒルサイドテラス（代官山集合住居計画）の旧山手通り沿いに進められてきた一連のまちづくりと無関係ではないからだ。

むしろ大使館のアイデンティティを明確にしつつも、いかにして一続きの風景のなかにそれを取り込むかが、設計当初より大きな課題であったはずである。敷地内の二つの建物、事務所棟と大使公邸は、中庭コートを挟んでともに隣地ヒルサイドテラスの建物と軸を完全に一致させることで、視覚上の違和感の生まれるのをふせぎ、また旧山手通り沿いに建つ事務所棟は、沿道性を保ちつつ特別の囲障を設けることなく親和性を示している。そして大使館は、前述の旧山手通りの唯一のカーブする特異点に位置する。

旧山手通り沿いにあるデンマーク大使館（槇文彦設計、一九七九）

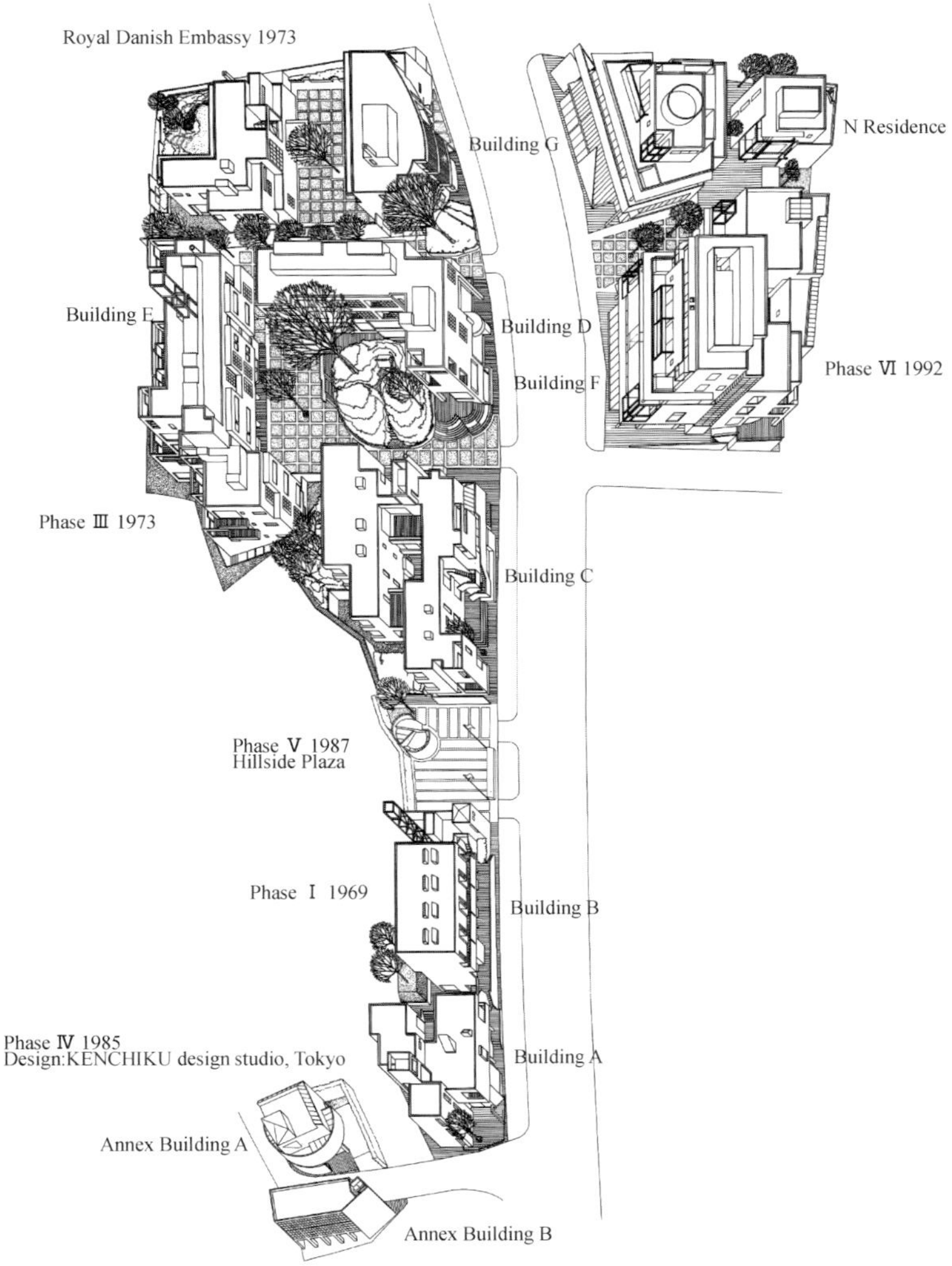

ヒルサイドテラス全体配置図（アクソノメトリック）

前面道路がこの地点でわずかにカーブして再び元に戻るという微妙な反曲点にあたることを生かし、事務所棟は街路に対する沿道性を保ちながら、最上階はカーブを描いた形態をして街路に応答している。

デンマーク大使館は、街路側に事務所棟があり、車寄せを兼ねるエントランスコートの中庭を介して大使公邸が奥に配置されている。この配置は、ある意味古典的なパラツォあるいはバロック・オテルの形式を思わせるが、明らかに「表」と「奥」の土地利用が見られる。これはヒルサイド・ウエストがパサージュを介して「表」と「奥」の土地利用がなされているのと比較すると、奇しくも町家（タウンハウス）に対するオテル（都市邸館）の関係と同じであり、いずれも居住施設とともにオフィス等を併せ持つアーバン・ヴィラといえる都市建築である。

ちょうどデンマーク大使館と大通りを挟んだ反対側にヒルサイドテラスのF棟、G棟、H棟が現われるが、その直前の代官山T－SITE（二〇一一）と呼ばれる場所に蔦屋という大型書店を核とする生活提案型商業施設のコンプレックスがある。かつては公共の図書館が、利用者の便宜を図って可能な限り開架書架を導入して「図書館の書店化」とまでいわれた時

デンマーク大使館の俯瞰図

代があったが、いまは逆に書店の大型化によって喫茶、軽食その他の休憩サービスを併せ持つ複合化がみられる。従来の書店経営とは違う枠組みで考えられていて、それによって集客力を増している。さながら「本の買える図書館」といった風情があるという人がいるくらいだ。しかし通りから見る外観からは「蔦屋」という標識を見るまではその施設内容がすぐにはわからない。代官山Ｔ－ＳＩＴＥの広報が自ら語るところによると、「この場所は自分たちが「文化の森を創ろう」というテーマのもとに組み立てられたプロジェクトで、立地として代官山以外に考えられなかった」と明言している。事実、選ばれた広大な敷地はかつて外国航空会社の職員用の居住施設のあった所で、さらに昔は水戸の徳川邸屋敷跡地であったという。敷地規模といい場所のプレステイジといい代官山への進出の理由としては申し分ない。そして、「近くの代官山のヒルサイドテラスは、地元の名士・朝倉家と建築家・槇文彦氏により、三十年もの年月をかけて作り上げられた街の顔と雰囲気、そして街の文化を丁寧に醸成してきた」といっていることは認識として正しく、見識に富む。

　つくられた施設は、大型の一棟建築を避け、旧山手通りに対して南北方

「代官山Ｔ－ＳＩＴＥ」の大型書店蔦屋を核とする生活提案型商業施設

向に分節する三棟の建物が通りに直角に配列され、渡り廊下で結ばれている。通りからの見通しがよく奥に残された旧来の自然林が垣間見えるし、風通しも良さそうだ。棟と棟との間には植栽の施されたオープンスペースが確保され、新たに植えられた樹木もいずれ生長し、夏期には深い緑陰を落とすだろう。建物の沿道性が保たれているわけではないが、高さも地区の高度制限の一〇メートルを守り、全体としてスケールの点で、ヒルサイドテラスとの違和感はない。

代官山ヒルサイドテラスの計画は、一九六九年に完成した第一期から始まって一九九二年完成の第六期まで、計画当初から考えると四半世紀を要している。ヒルサイド・ウエストをもってひとまず終わりと考えれば、足掛け三十年の月日が経つ。筆者が設定したヒルサイドテラスを訪れる二つの方法として「直行型」と「逍遥型」をあげたが、直行型の場合は、おそらく第一期のＡ・Ｂ棟から始まって第六期のＦ・Ｇ・Ｈ棟もってコンパクトなツアーを終える。いきなり界隈に身を置くタイプであるだけでなく、時系列的な意味で発展系である。それに対して後者のアプローチにおいては街を知る体験として、旧山手通り沿いの南平台・鉢山町・猿楽町に属する幾つかの建物・場所に直接触れながら、そのうちの一つヒルサイド・ウエストを起点として徐々にヒルサイドテラスに到達するものである。そして最後に第一期のA・B棟に達して、あたかも記念碑を見るかのようなかたちで、一つのツアーを終える。

さて逍遥型ヒルサイドテラス巡りは、レトロスペクティブ・ツアーと名乗ったとおり、その界隈に立ち入るにしても、年代順にいえば最新の第六期の建物周辺から始まる。したがって、これまで多くの紹介のように、まずヒルサイドテラスのスターターとして脚光を浴びた第一期のA棟とB棟の歴史から始まるのとは逆のコース、つまり現在から過去に戻ることになる。しかしその前に、やはり開発者である朝倉家のことと建築家・槇文彦自身のこと、そして両者の運命的な出会いについても触れたい。

朝倉家と建築家・槇文彦の出会い

朝倉家は、明治二年（一八六九）初代朝倉徳次郎がこの地で米穀商を営むことから始まったということはすでに触れた。明治三六年（一九〇三）

朝倉家の養子となり二代目当主となった虎次郎は、本業の他、渋谷町会議員を経て大正四年（一九一五）東京府会議員となって、今日でいうまちづくりの嚆矢ともいうべき活躍を果たした。しかし疑獄事件で、昭和八年（一九三三）に政界を退き朝倉不動産の前身猿楽興業を立ち上げた。虎次郎には男子がおらず、甥の誠一郎を養子に迎える。誠一郎は慶應義塾大学を終え、朝倉家本来の家業を継いだが、昭和一八年我が国の食管制度も大きく変わり、明治二年に創業した朝倉米店も七十四年の長い歴史を閉じ、それに代わって不動産賃貸業が新しい朝倉家の家業となった。誠一郎が最初に手がけた仕事は、供託社アパート（一九二九）の建造とその賃貸アパート経営であった。その経営は拡大し、一時は総数約一千戸を越えるまでになった。その背景には、代官山、恵比寿、中目黒一帯の急激な人口増加にあったようだ。しかしその多くは第二次大戦の惨禍とともに消失したという。

時代は少し戻るが、昭和元年（一九二六）に東急東横線が開通し、時を同じくして代官山同潤会アパートが完成した。同潤会は、大正一二年（一九二三）の関東大震災に国内外から寄せられた義捐金を基金として設立された財団法人であるが、建設されたものは耐震、耐火のＲＣ造の集合住宅であるだけでなく、都市居住の先駆となるべきものであった。誠一郎はこの代官山同潤会アパートを目の当たりに見て大いに啓発されたという。

誠一郎の父、虎次郎が昭和一九年（一九四四）に死去し、戦争の惨禍とともに戦後の「相続税」「富裕税」が朝倉家の経済に打撃を与えることになった。土地という不動産資産を売却するか、一族の邸宅を売却するか苦しい選択を迫られ、大正七年に父虎次郎が建てた和風建築の二百四十坪の邸宅を手放し、土地を遺した。税対策の結果として本家朝倉邸は国の管理となり、長らく中央官庁会議所として使われていたが、現在は国の重要文化財として渋谷区と目黒区の管理下に保存されている。考えてみれば、明治以来この代官山猿楽町に住み続けた朝倉家が遺したこれ以上のレガシーは他にない。朝倉誠一郎の息子である朝倉徳道（故人）・健吾の兄弟は、二人とも慶應義塾大学を卒業し一時期は社会人となって企業に勤めたが、やがて父誠一郎を助け朝倉不動産による土地資産の運用が当面の大きな仕事となった。所有資産である土地を運用するに当って、まず「自分たちがその土地に住み続けること」という基本方針を立てたという。

ヒルサイドテラスの開発者朝倉誠一郎（一九〇四－七七）

一方槇はグラハム財団基金のフェローシップを得て行った世界一周旅行を終えて、アメリカから帰国し、三十九歳、槇総合計画事務所を開設（一九六五）したばかりであった。日本における建築家としてのデビュー作は、日本建築学会賞を授賞した名古屋大学豊田講堂であるが、これは事務所を開設する以前の作品である。

開設して最初の仕事は、立正大学のキャンパス計画であったが、それに続くプロジェクトが、この代官山ヒルサイドテラスである。槇は文字どおり国内外に数々の話題の建築作品をつくり、それに対する賞は国内だけでなく多くの世界的な名誉ある賞を受賞していることは広く知られており、改めて説明するまでもない。

槇の輝かしい経歴を辿ろう。東京大学工学部建築学科を卒業後、丹下研究室を経たのちアメリカのクランブルック大学に留学した。その後、ハーバード大学大学院デザイン学部において学部長の恩師ホセ・ルイ・セルトのもとで建築修士課程を修了した。卒業後はニューヨークのＳＯＭやセルトの事務所で実務を経験した後、ワシントン大学で教鞭をとり、一九六〇年代にハーバードのアーバン・デザインコースの准教授に招聘された。それは日本人として始めての准教授就任であり、その存在は当時ハーバードの建築マスター・コースの院生であった筆者には、輝かしい雄姿に映ったと同時に誇りに思えた。

近年二〇一五年に、ハーバード大学のデザイン学部（ＧＳＤ）主宰の、「Grounded Visionaries」つまり「揺ぎなき将来を見通す」と銘打つ独自の記念事業が行われた。そのときのメインイベントの基調講演を槇文彦が行った。タイトルは、「ＧＳＤ卒業後の建築家としての六十年」という自らのキャリアーを語るものであった。その年はちょうど、槇のクラスの六十周年にあたり、会場は高齢の卒業生から若い世代までを含め、満席の人で埋められた。

司会者による紹介ののち、槇が登壇して講演を始めようとしたそのとき、まず前列を占める人たちが一斉に立ち上がり拍手をし始め、やがて出席者の全員が立って拍手をして槇を迎えた。スタンディング・オベーションはしばらく続き拍手は鳴り止まなかった。槇が両手を広げ着席を促すまで続いた。筆者も年代の近い卒業生の一人として同僚と一緒にいたのだが、それは感動的な体験であった。「槇文彦は、我々と同じ同窓生の一人である。

建築家・槇文彦（一九二八－）

そしてかつて教えを乞うたプロフェッサーでもあり、そしていまや知る人ぞ知る世界の建築家である。その人をいま我々は迎えている」という誇らしい思いが、国籍を越え年代を超えてすべての卒業生から沸き上がったのではないか。近年にないきわめて感動的なシーンであった。

マス・メディアが槇文彦を「日本の生んだ世界的建築家」と評することがある。それは決して間違っていない。しかしいまや槇文彦は、「世界の建築家」であるというべきであろう。

ヒルサイドテラスの誕生

朝倉誠一郎は、不動産業に関わってから約二十年を経た昭和四二年（一九六七）に、朝倉家本来の由緒ある人脈を通じて初めて建築家・槇文彦に出会うことになった。徳道・健吾兄弟によると、父誠一郎は本来几帳面で慎重居士の人であったが、槇に会って、そのもの静かな語り口を通して伝わる明解な考え方に魅了されるだけでなく、まず人物を高く評価し、すべてを建築家・槇文彦に任せることを決めるのに時間を要しなかったという。

このとき初めて旧山手通りに沿った全長二〇〇メートル、約七二〇〇平方メートルの敷地におけるヒルサイドテラスの住宅地開発計画に踏み切ることになったのである。ここに至るまでには、いろいろな試行錯誤を経て不動産業としての賃貸住宅経営の歴史が朝倉家にはあった。

両者の出会いは、生まれるべくして生まれたとしか考えられない。朝倉家の当主朝倉誠一郎と、事務所を開設したばかりの槇文彦が、一九六五年に出会ったことによって、ヒルサイドテラスの計画がスタートした。そして一九六七年に着手した第一期計画から一九九二年に完了した第六期計画まで、A棟からH棟までの八棟と、ヒルサイド・プラザとヒルサイド・アネックスの二棟を含め合計十一棟の住宅地計画が実現した。さらに最後につくられたヒルサイド・ウエストまで含めれば、要した時間は足掛け三十年に及んだことはすでに触れた。見方によって、短いとも長いともいえる息の長いプロジェクトであったことは間違いない。忽然と現われる単体建築のプロジェクトと違って、この土地を訪れる人にとっても、あるいは近くに住んでいる人にとっても、建てられていく過程を自分の日常の記憶の一部として残すことができていたことだろう。ある建築評論家は、一続き

代官山ヒルサイドテラス
全体模型

の代官山ヒルサイドテラスの建築をスロー・アーキテクチャーと名付けた。

筆者は第三期工事が終ってＤ棟の足場が取り払われたとき、反対側の歩道から全体を眺めていると、後ろを通る複数の女性たちが一瞬足を止めて「あそこにはお店が入るのかな」と興味深げに言葉を交わすのが聞こえた。またそうかと思うと、近くに住む外国人とおぼしき人物が、突然路傍の筆者に聞こえよがしに「大きなバス・ルームね」といって通り過ぎた。これは、槇が外装に始めて使った白タイルのことを言っているのだろう。ヒルサイドテラスは、もはや人々にとって簡単に通り過ぎさることのできる存在ではないことを示していた。

旧山手通りは、住居専用地区の道路としては街路幅がひろい。そして自動車の交通量も多い。だが一〇メートルの高さ制限による低層の建築は、仰ぎ見る天空を妨げることなく、またそのスケールは行き交う人の様子を静かな風景にしたてる。このことは、旧山手通りならではの風景体験といえよう。

槇の半世紀以上にわたる設計活動とその作品系列を見たとき、ヒルサイドテラスに限っては、一つだけ別格のプロジェクトであったのではないかと思われてならない。言いかえれば、これは槇にとって一つの「ペット・プロジェクト」であったといってよいものだと思う。つまり槇が機会あればいつの日か発現してみたいと温めていた構想を、朝倉家という最良のクライアントに出会えたことによって実現できたプロジェクトであった。それは自らが述懐しているように、最終的に「モダニズムとアーバンデザイン」という、槇にとって常に頭のなかにあったテーマを世に問うプロジェクトであったことを意味する。そして槇自身が語るように、「これまで多くの機会にこのことは言葉では語られてきたが、実際には空間体験が欠けていた」ことへの思いが強かったに違いない。

そしていま、槇の手がけたヒルサイドテラスの建築とその集合体としての全体について触れるとすれば、建築の視点で語るもよし、また一方都市の視点で語るもよし、その両義性に触れることこそが重要である。つまりヒルサイドテラスのプロジェクトに関する限り、「都市性」を軸とする文脈で語るのでなければその意味がない。さらにヒルサイドテラスについては、何故、筆者のいう「建築家の残したアーバン・ヴィラ」そしてそれらによってつくられた「アーバン・ヴィレッジ」について最終的に語らなければならないのか、それについて触れる必要がある。前段はすべてヒルサイドテラスに近づくまでの序章であって、いま到達したヒルサイドテラスの本質についてこれから語ろう。

槇の構想のなかには、「人が都市に住む」ということは何か、そして「都市建築としての住居」とはどのようなものか、それを具体化するうえでどのようなアーバンデザインが背景にあるべきかが重要なテーマであったと思う。旧来の「集合住居」から新たなアーバン・ヴィラという名の「住居集合」というタイポロジーを生み出すにはどのようなコンセプトとデザインが必要なのか、言い換えれば、槇自身が語る「モダニズムとアーバンデザイン」をどのように実体として示すかということに他ならない。事実、槇は『ヒルサイドテラス白書』の冒頭の「時と風景」のなかで、「モダニズムと都市建築という課題に挑戦する最初の機会であった」と語っている。また「都市における風景とは、目に見える風景と心象風景とが一体化されたものである」とも語っている。そのうえで、「モダニズムの形態言語のなかでどのような風景を構築していくか」その課題に挑戦する最初の機会であったという。

時の刻まれた都市建築を求めて

槇はこの計画に当って、二つのことを念頭において着手した。一つには、朝倉家が所有する旧山手通り沿いの七二〇〇平方メートルの敷地全体の利用計画を、長期的展望に立って第一種住居専用地区における用途緩和の「許可申請」を前提として計画の全体像を描いたことだ。その手続きを経て、まず計画のなかに店舗施設の導入が可能となったが、それは生活利便施設の必要性ということだけでなく、居住地に一つのアメニティを醸成するうえで鍵となるべきものと考えていたに違いない。また一旦決められた全体計画が固定化され、最終的に予定の住宅供給が満たされて終るという開発計画ではなく、段階を追ってスペース・プログラムの変更による計画案の修正に対しても再度許可申請を丁寧に行って対応していった努力は見事というべきだろう。それは単なる集合住宅地計画をつくるのではなく、最終的には地域の核となるような新たなアーバン・ヴィレッジを通して一つのコミュニティを目指していたからに他ならない。

ヒルサイドテラス全棟立面図（F・G棟を除く）

そして開発者である朝倉氏も自己目的化した商業主義に立つことなく、常に建築計画との調整に配慮し環境の質を高めることにつとめた。当初の一団地計画と実際にでき上がったヒルサイドテラスの配置計画を比べてみ

ヒルサイドテラス計画構想アクソメ図（1969年）

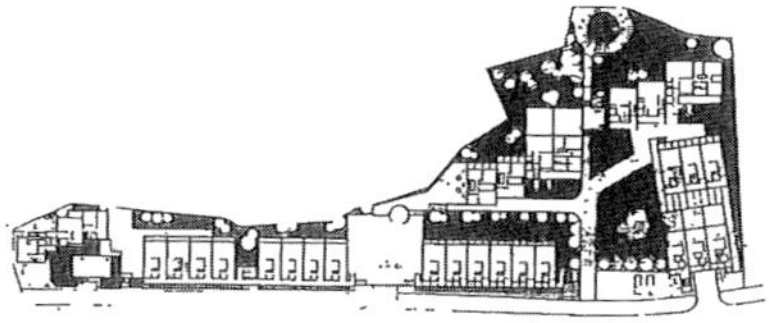
計画構想１階平面図（1969年）

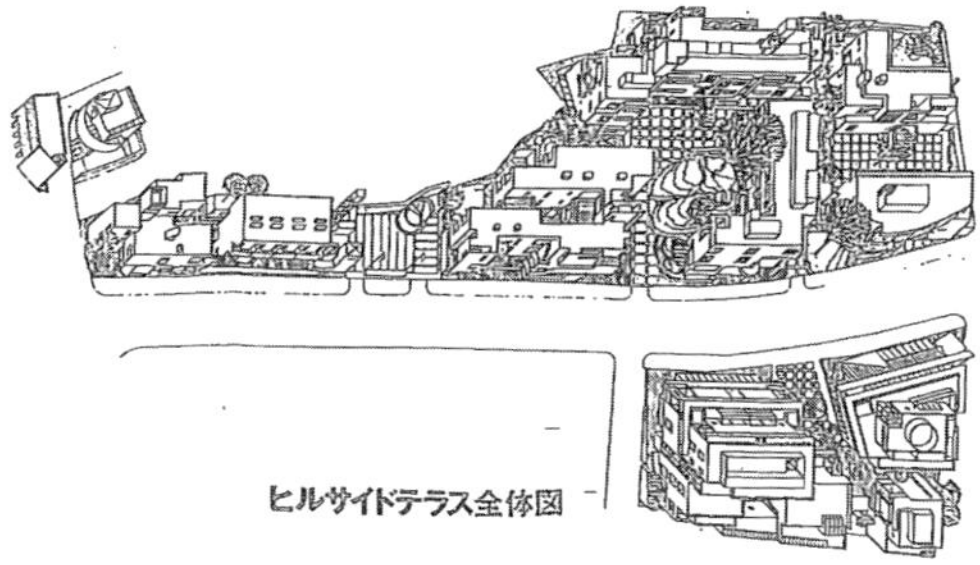
ヒルサイドテラス全体図

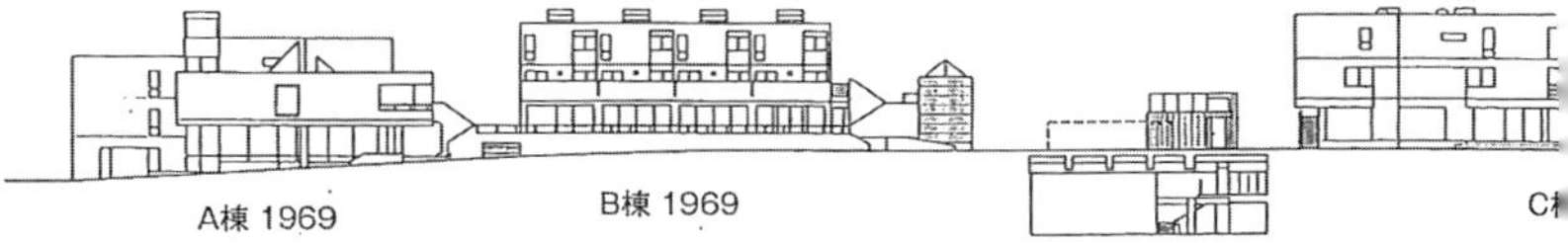

全棟立面図　1/1000

るとその経緯がよくわかる。いずれも低層の沿道型建築を基本としており、敷地形状ならびに地形の特殊性を考慮した建物配置計画がなされていることに関しては一貫している。しかし開始から二十五年間というタイム・スパンのなかで継続的につくられていった建築は、当然のことながらクライアントの求めるスペース・プログラムの変更、テナントの選別、法規制の変更等によって、モダニズム建築の基本を保ちつつもその形態言語、ディテール、使用素材等が違っている。そのことが槇自身の語る「時の刻まれた都市建築というアーバン・ヴィラ」をつくり出しているのだろう。

筆者は、冒頭に「代官山ヒルサイドテラスという所は、ほどよい殷賑のなかに文化の香り漂う、固有の場所性を感じる界隈である」といった。ではこのヒルサイドテラスに一つの街として固有のクオリティがあるとすればどこから生まれてくるのだろうか。建築というハードなもの、そしてそのなかで展開されるソフトなもののすべてから生み出されるものであることに違いないだろう。端的にいえば、全体の空間的秩序、形態的秩序があればこそ、それが一つの風景として認識される。そのことがヒルサイドテラス固有の特質といえるのではないか。それを実体験として理解するには、少なくとも一度ならず、また春夏秋冬の一年を通して訪れてみて、初めてわかる。

槇のいう「時が刻み込まれた建築」、それ等をたくみにつなぐ「外部のオープンスペース」、建物の沿道性とともに歩道沿いの「セミ・パブリックエリア」の扱いは棟によって異なっている。それは、住居のみならずステージごとの主として店舗の種類、大きさ、つくられ方などプログラムの違いが巧みに反映されていることによる。

この土地の守護神としてシンボリックに遺された「猿楽塚」、樹齢何年といわれる欅の大木に代表される地勢、そして「旧山手通り」という東京の近代を忍ばせる都市街路、それぞれが前景となり背景となって生まれた場所を一つの「風景体験」として認識できることは、まさに「風景を通して新しい領域が都市につくられた」ことを証明している。

他にはないどこか抑制された白いキュービック・フォームの展開、親しみやすい建物と街全体のスケールのよさ、アイレベルにおける建物内外の透明性が、人々の相互視覚性つまり「観るものが観られる」という関係が、絶えず風景のなかにある。正統なモダニズムの流れを汲む形態言語のなか

猿楽塚に設けられた小さな鳥居

で、集合体の空間的秩序、形態的秩序を整えそれが風景化され、その「風景を通して新しい領域が都市につくられていく」というのが、槇のいうヒルサイドテラスに展開された「モダニズムのアーバンデザイン」なのであろう。

　これらをもう少し幾つかの風景を構成する要素に分けて考えてみたい。それはヒルサイドテラスにおける多様な「パブリック性」との関係についてである。ヒルサイドテラスに垣間みる生きた風景の核心は、恐らく前面の歩道も含めヒルサイドテラス全体に織りなすパブリック・スペースの存在であろう。この話に入る前に、槇がむかし語ってくれたこんな話を紹介したい。

都市のパブリック性とは何か

　槇が、昔イタリアの中世都市ウルビーノに逗留したとき、宿泊していたホテルで食事をとっていると、建物に続くロジア[8]（loggia）で何人かの若者が談笑している姿を目にした。槇がそののちホテルを出て、所用を済ませて夕方に再び戻ると、依然として同じ場所に同じ若者たちのいることに気付いた。ロジアの一画が、彼らにとって一つの居心地よい場所になっているのは、自分の「家」と「街」とは一つの連続体であって別ものではないということをわかっていたからだ。

要するに彼らにとって家に居心地のよい場所があるように、街のなかにも居心地のよい場所があるのだ。食事を「街」でとるのも「家」でとるのも大きな違いはない。槇のこの話をいまあらためて考えたとき、かつてアルド・ヴァンナイクが語った「for a house is tiny city, a city huge house」つまり「家は小さな都市であり、都市は大きな家である」というアナロジーを思いだす。そして場所の「パブリック性」とは、そこでひき起こされる人の行為も含めて、はじめて意味を持つものである。

もう一つの話は、ニューヨークのチェイス・マンハッタン・プラッツァで槇が撮った一枚の風景写真を見せてくれたときのことである。広い無機質なプラッツァは円形のサンクガーデンがあるだけで、あとはわずか数本の樹木とそれを囲む円形のベンチのある広場である。写真はその円形のベンチに座っている人の姿を収めたもので、人がそれぞれの場所に座って、唯それぞれ遠くを眺めて時を過ごし、「孤独を享受」している姿であると槇は語ってくれた。都市のなかの公園や広場は、沢山の人に利用される場所、あるいは大勢の人の集まる場所として用意されたものであるとしても、「一人になりたいために人のいる公園に、あるいは人のいる広場に向かう」という人のための場所でもある。確かに日常見かける公園の風景として、子供たちがボールを蹴りあって遊んでいるすぐそばで、気にすることもなく一人遠くを見つめている人を見かけることがある。槇は、「真のパブリック性とは何か」を考えなければならないことを再確認しておきたかったのであろう。孤独であるためには、自らを相対化できる対象が必要なのかもしれない。

それゆえ、今回ヒルサイドテラスにおいて、パブリック性がどのように具体的な風景として人々の目に映っているかを確認しておくことは重要である。それは沿道性を保って建つ各棟の建物が、前面の歩道を含めた、あるいは歩道と密接に関係を持つセミパブリック・スペースとの間にみられる日常的な生活風景そのもののことであろう。

地上階には道行く人々の目を和ませる店があり、内外の相互視覚性によって一層その親和性をましている。住居専用地域にあってすべての棟の上層階には人の住む住居があるが、住人の生活導線の処理が巧みに考えられていて、無用な混乱は避けられている。ここヒルサイドテラスにおいては、すべての人のアクティビティが場所との関係において風景化されているといってよい。

逍遥型のアプローチとは何か

それでは、すでに述べた「逍遥型」の歩みに従って、新しいものから古いもの、つまりF・G・H棟から始めてC、B、A棟と遡るかたちで再びヒルサイドテラスを見てみよう。

代官山ヒルサイドテラスで最後に建てられたF・G・H棟ブロックは、旧山手通りを挟んでデンマーク大使館とD棟に向き合うような関係にある。同時にこの場所は、旧山手通りのなかでも唯一微妙なカーブを描く特異点であり、それはヒルサイドテラスの通景（ストリート・スケイプ）に微妙な変化を与えている。

Ｆ・Ｇ棟は、まさにこの微妙な地点でＤ棟と向き合いながら、文字どおりヒルサイドテラスのハイライト・ポイントをつくっているといってよい。最終期の各棟は、建築基準法が改正された後につくられたものであり、建物用途並びに高度制限の緩和されたなかで計画されている。建物のプログラムとしては、それ以前のものとやや違って一階と地階に吹き抜けを介して店舗があり、上層階は住居部分である。三つの棟の間につくられた広場は必ずしも大きなものではないが、歩道とのつながりが実に巧みで人を惹き込むような魅力がある。アイ・キャッチとなる二本の景観木のあるこの広場は、間口より奥が広く後ろの通りに抜けていく。この広場に入ると、透明なガラスを通して特に夜間は建物のなかがよく見える。Ｆ棟のなかのヒルサイド・フォーラムと呼ばれるギャラリーとカフェが、外の広場との間の「相互視覚性」によって、内部化されたセミ・パブリックエリアの存在を実感させる。筆者はヒルサイドテラスのなかでこのカフェで寛ぐのが一番好きなスポットである。

大きなガラスで仕切られたカフェに座ってコーヒーでも呑みながら外を眺めていると、実に多様なシーンの展開に気付く。広場がＦ・Ｇ棟に挟まれて視野が狭められているだけに面白い。小さな広場では建物に入る人、出て立ち去る人、そして歩道を行き交う人々の様子が飽きない近景として目に入る。小広場を越えた向こうにも静かなサイレント・シーンが展開する。そこにはゆっくりまわりを見ながら歩く人、早足で通り過ぎる人、幼児を連れてゆっくり乳母車を押す母親の姿、建物の写真を撮る人、さまざまである。そして旧山手通りを忙しく行き交う車とその向こうに見える街路樹とデンマーク大使館の角に立つ欅《けやき》の大木、それに続く列植の樹木の奥から何気なく出てくる人を目にしたとき、そこがヒルサイドテラスのなかでも一番奥行きの深い場所であることを気付かせてくれる。

旧山手通り沿いのデンマーク大使館の前を過ぎると、最初に渋谷区保存指定の欅の大木に出会う。歩道に近いこの大木は、道祖神ではないが道行く人に何気ないサインを送る。そして次の瞬間、一番奥のＥ棟を垣間みる。ここが前述の一番奥行きの深い場所であり、好奇心の強い人であれば、足をのばして奥へ入るかもしれない。Ｅ棟は住居専用棟であるから店舗もなく、時折デリバリー・サービスの車が止まる程度の静けさを保っている。一瞬プライベート・エリアかと思うが、歩道からつながる歴とした導入路

Ｆ棟のヒルサイド・フォーラムにあるギャラリーとカフェ

である。ここには、パブリックかプライベートかの領域を示唆する区画表示は一切ない。それでも大きな問題がないのは、欅の大木に始まる列植された樹木の佇まいに一つの奥性を感じさせる固有の風景があるからだろう。風景は、おのずと人々の行動を律しているのであろう。ヒルサイドテラスにおいて共通にいえることは、敷地内に入るときゲートらしきものは一切見当たらないことだ。逆に、必ず公的領域から私的領域に入る所には、何らかのデザインされた「結界」即ち異なる二つの界を結ぶ場所が設けられていることに気付かされる。

　ヒルサイドテラスにおいて始めて白亜のタイルの使われたD棟の前を通ってしばらく行くと、建物のコーナーに波紋状のステップがあるのと、そこにステンレスの円環状のモニュメント（脇田愛次郎作）がおかれているのに気付く。この造型は、道行く人のアイ・キャッチであると同時に一つの結界である。次に目を少し奥に転ずるとD棟の建物に守られるようなかたちの繁みがある。それは、ヒルサイドテラスのジニアス・ローサイ[9]、「土地の守護神」ともいえる、欅の大木と灌木の密植する「猿楽塚」という名の古墳である。朝倉家の説明によると、塚は六世紀以来のもので直径

D棟のコーナーのステップ

約二〇メートル、高さ五メートルの親塚はD棟のコーナーに位置し、直径一二メートルの子塚はC棟の裏手に残されている。いずれも渋谷区の文化財となっている。

大正六年（一九一七）曾祖父の朝倉虎次郎が塚を整備して神社を建立し「猿楽大明神」として祀り、地元の鎮守としたのが現在の姿である。ヒルサイドテラスのなかに残された景観木の多くが一本立ちであるのに対し、猿楽塚の樹林だけは高木、低木、灌木の群生する自然林の植生の姿を残している。「猿楽塚」を守るように配置されたE棟、D棟と、C棟によって囲まれたこの場所は、「聖なるコンパウンドの雰囲気」を漂わせている。

さらにここから、C棟に向かって通り抜けのできるピロティ部分があり、そこを抜けると天空から光の落ちる小さなコートが見える。好奇心のある人であれば必ず覗き見するはずである。そのコートに入ると、店舗が一斉に訪問者を迎えるようなコージーな場所がある。ヒルサイドテラスでは通常地上階もしくは地下階は、原則店舗が入っており、二階以上は住居で占められている。そのようなことから、ふと見上げると、居住者がどこから現われたのか、廊下を通ってどこかへ消えていく様子が目撃されたりして、

デンマーク大使館とD棟の間に生まれたアレイ

思いかけず親しみを感じたりする瞬間がある。そして、歩道に抜ける別のピロティがあり、そこには数段のステップが歩道との間に設けられ、何気なく注意を払うような仕掛けがある。これもまた前面の歩道との間につくられた結界の一形態である。

今回の逍遥型をさらに続けて、C棟をすぎ第一期のA・B棟へ向かうには、やや下ってゆくことになる。最初に目に入るのは、ヒルサイドテラス全体の建物配置の刻まれた石造の傾斜する大きなオブジェである。これはヒルサイド・プラザの歩道との境界を示している。存在感だけでなく造形性を持ったヒルサイドテラス唯一の洗練された結界、ディマーケイションといえよう。

そこにはヒルサイド全体で一番大きい開放系のパブリック・スペースのヒルサイド・プラザと呼ばれる場所がある。第一期のA・B棟に続いてC棟が完成した当初、そこは、オープンエアーの訪問者のための駐車場であった。ときには、ヒルサイドの住民が主宰するコミュニティ・フェアーとして使われることもあった。

風景に取り込まれた旧朝倉邸

当初、設計者である槇は現在渋谷会議所として使われている旧朝倉邸が、将来その庭園をふくめて渋谷区の公園になったとき、そこへのアクセスとして改めて環境整備をする事も考えのなかにあったという。第三期のD・E棟が完成した後、第五期工事として、地下に集会室をつくり、地上はオープンエアーのプラザとして使われるようになった。実はこのことが、新しい風景をつくることにつながった。

その結果、見通しがよくなったというだけでなく、このオープンスペースによって、その奥に文化財として遺る大正九年（一九二〇）につくられた旧朝倉邸の静かな佇まいが、垣根越しに一つの風景として見えるようになったのだ。反対側の離れた歩道からもこの佇まいは望むことができる。道行く人が思いがけぬ風景に気付いて立ち止まり、それがヒルサイドテラスを開発した創始者の元の屋敷かもしれない、という思いをめぐらしてもおかしくない。このような街並の「抜け」によって、通行人が一瞬歩みを

街路越しにみるC棟の小広場とステップ

止めるとすれば、それも奥ゆかしいアーバン・デザインの一つといってよいだろう。

プラザから、B棟脇の歩道に沿って設けられたペデストリアンデッキを通ってA棟に近づくと、ガラス越しに店舗の様子を間近かに見ながら逍遥型の歩みの最終地点ともいうべき小さなコーナー・プラザにたどり着く。そこは「直行型」ツアーの出発点でもある。A棟のコーナー・プラザは、待ち合わせをして、相手が来ると連れ立って歩き始める起点でもある。

実は、このコーナー・プラザから、文化財となった朝倉邸ガーデンへ向かう坂を少し下ると、そこにアネックスA棟とB棟が建っている。この二つの建物は、今年残念にも故人となった槇事務所OBの一人、建築家の元倉真琴が設計したものである。元倉はこの二つの建物の設計者であるだけでなく、ヒルサイドテラス全体を管理する朝倉不動産の顧問的な立場として直接、間接的なアドバイザーでもあった。

ヒルサイドテラスのパブリック・スペースについて、槇自身は次のように明解に語っている。

「もしも、ヒルサイドテラスが半世紀以上の月日の中で、都市の生きた一

歩道からヒルサイドプラザを通して旧朝倉邸（現在の渋谷会議所）を見る

つの風景を提供しているとすれば、おそらく前面も含めたパブリック・スペースの存在であろう。第一期から小さくはあるがさまざまなパブリック・スペースの展開が試みられている。ここでは外部のパブリック・スペ

F棟とG棟の間にある小広場で寛ぐ人、歩道を行きかう人、車道を行きかう車の重なる風景

ースも内部のパブリック・スペースであれ、それは絶えず外へ向かって開かれている」(『ヒルサイドテラス白書』より)。

新たなアーバン・ヴィラを求めて

ヒルサイドテラスは、一度につくられたものではない。一九六九年に完成した第一期のA棟から始まって第六期のF・G・H棟までは、三年ないし五年の間隔で継続的につくり繋いでいったものである。例えるならば、バトンを渡しつなないで完走する長距離走のような開発であったといえる。そしてこのバトンにはパブリック・スペースをいかに上手くつくるかの責任とノウハウを次に伝える役を託されたものといってよいだろう。それだけに、そのときどきのクライアントの求めるスペース・プログラムが、先行したものとの間にフィードバックがなされることもあっただろうし、新たなアイディアによる計画変更のようなものも起きたであろう。店舗のテナント予測の難しさとは別に、資金繰りとの関係で住居部分の賃貸方式を分譲方式に変更することになり、管理方式や郵便受けの方式までも変わる

B棟・C棟との間の歩道沿いに設けられたヒルサイドテラス全体の地図を示したオブジェ

など、建築設計のうえでも単純な繰り返しで済ませるようなものはなく、どれをとってもすべてカスタムメイドであったと聞く。その間、一貫して、パブリック・スペースをどのようにつくり繋いでいくかが槇の大きなテーマであった。それを探るべく逍遥型と称する代官山ヒルサイドテラス・ツアーを、序奏として少し離れた旧山手通りから始めたが、パブリック・スペースがそれぞれの棟ごとにつくられていて、そこに展開される風景を通じて他にはない都市性を実感しえたといえる。

槇の考えるパブリック・スペースとは、建物内・外の公開性の高い場所だけを指すのではない。そこには建物内の展示、集会の他、文化活動に供する場所に利用者には気付かれない中間ゾーンが常につくられている。

そして最終的には、このようなパブリック・スペースが代官山ヒルサイドテラス全体に、ある種の文化の香りを漂わせ、そのことによって他ではなかなか感ぜられない「都市に住む」という感覚にめざめる。したがってこれらは単なるこれまでの商住コンプレクスという建物の集合に終わるのではなく、日々「都市に住む」という実体験が同時に「都市をつくる」ということにつながり、それゆえにあらたな現代の「アーバン・ヴィラ」と呼べるのであろう。

このことを実感するにはタイトル通り、ヒルサイドテラス全体を文字どおり徘徊し「逍遥」に身を任せることである。人の動き、車の動き、街の音、賑わい、見るものが見られるという相互視覚性によって生まれる「風景の重なり合い」などの予期せぬ発見などなど、複雑ではなく複合度のある街が人を育てる。

結果としてヒルサイドテラスがA・B棟から始まってH棟までのストーリー・アーキテクチャーという役者が演じた一続きの物語であるとしたら、その一つひとつは、またそのときどきの記憶を刻んだいままでにはなかった「アーバン・ヴィラ」という役者の並ぶ都市風景である。すべての棟はストアーと住居の複合体であるということにおいて共通しており、年代が増すごとにその表情、あるいは表現が変わる。A・B棟の建物はいかにも初々しい門出の建築らしく純然たるRC造の建築であるだけでなく、当時としては珍しく店舗の上に「メゾネット住居」がある建物であった。これも「都市に住む」ことをアピールするのに相応しいステートメントであった。このA・B棟ができた当時には、だれが今日の代官山ヒルサイドとそ

代官山ヒルサイドテラス全体模型

の界隈を想像しえたであろうか。そのことだけでも記念碑的な建物といってよい。

『ヒルサイドテラス物語　朝倉家と代官山のまちづくり』を書いた前田礼は、次のように書いている。

「ヨーロッパは、何百年も前に建てられたアパートに住み続けている例がある。多少の不便はあっても人々は工夫して長く住もうとする。古いものを大事にする思想、建物を長持ちさせるという思想、必ずしも新しいからといって優れているとは思わない価値観、多少乱暴だが、それらを持続可能という言葉でひとくくりにしてしまうならば、ヒルサイドにおける朝倉兄弟の試みは、まさに近代建築の持続可能性の実験なのかもしれない」。

またヒルサイドテラスの開発計画を最後まで見届けたクライアントの故・朝倉徳道は、次のような言葉を残している。

「日本には「再建という思想」が基本的にありません。第二次世界大戦で破壊されたワルシャワの街並は、戦後、復元されています。いいものには時を越えた価値があります。それは再建しても、時代に耐えうるものをもっています。近代以降、日本にはそうした建物がなかったのかもしれない。

代官山ヒルサイドテラスの第一号として造られたA棟とB棟

でもこれからはそうした建築や街並も出てくるかもしれません。ヒルサイドテラスが日本のモダニズムの建築において復元される最初の建物になれば、うれしいのですが」。

「都市に住むこととは何か」を考え、朝倉家と槇文彦がつくり上げたヒルサイドテラスは、開発が着手されてからまもなく半世紀がたつ。建築は、都市の風景をかたちづくるからこそ建築家はその責任が重い。槇はヒルサイドテラスを設計する際、朝倉氏に「五十年もつ建築」といったが、それは建物の耐久性を意味するというよりは、デザインをも含めた環境そのものの安定性と持続性であった。最初に手がけられたA棟からヒルサイドテラスの完了まで、合計十一棟の建物は、それぞれの時代の表情を宿しながら時を刻んだ一つの風景として生きている。

槇が考えたヒルサイドテラスは、単に人の住む居住地計画ではない。都市に住むこととは何かを前提とした現代の「アーバン・ヴィラ」そのものを実現することであった。それは「生活をする」ことの他に、「仕事をする」、「情報を得る」、「文化に接する」、「友人と食事を楽しむ」、「散歩を楽しむ」ことなどの機会が、生活全般の付加価値として感じられるような街であり都市に住むことであった。それを支えるものこそ真のアーバン・ヴィラであった。それはとりも直さず槇のいう「モダニズムとアーバンデザイン」をいかに実態として示すか、そしてそれをかたちづくるうえで、モダニズム建築の造型言語を駆使し実体化することであった。代官山ヒルサイドテラスは、三十年を要してつくられ、二〇一九年には「五十周年」を迎える。

註

はじめに

1 フランソワ・ミッテラン（François Mitterrand, 1916-96）フランス共和国第二十一代大統領（一九八一〜九五）。幾たびか僅差で敗れた大統領選ののち、ジスカール・デスタンと争った一九八一年の大統領選に勝利し第二十一代大統領に就任。フランス共産党との連立で社会主義政策をとった。

2 ポストモダン建築　近代モダニズム建築への批判と反動のなかから生まれた建築スタイル。一九八〇年代を中心に数多くの作品がつくられた。その切っ掛けとなったのはフィリップ・ジョンソンのニューヨークのAT&Tビル（現在のソーニービル）の、超高層ビルの頂部に神殿建築に由来するペディメントメントを（三角破風）を装飾としてのせた古典主義建築の引用だった。

3 アール・ヌーヴォー（Art Nouveau movement）一九世紀末から二〇世紀初頭にかけてヨーロッパを中心に開花した国際的な美術運動。分野としては建築・工芸・グラフィックなど多岐にわたる。新古典主義とモダニズムの懸け橋と考えるようになった。

4 アンリ・ソヴァージュ（Henri Sauvage, 1873-1932）二〇世紀初めのフランスのアール・ヌーヴォーを代表する建築家の一人。

5 サロン・ドートンヌ展（Salon d'automne）一九〇三年にパリで立ち上げられた美術展。当時たいへん保守的であったフランス芸術協会のサロン展に対抗する形で生まれた。

6　アンドレ・リュルサ（André Lurçat, 1894-1970）　フランスの建築家。近代建築国際会議（ＣＩＡＭ）の創始者の一人。

7　ユーゲント・シュティール（Jugendstil）　一九世紀末から二〇世紀の初頭にかけてドイツ語圏において展開された世紀末美術の傾向を指す。ユーゲントは「若さ」、シュティールは「様式」を意味するドイツ語で、アール・ヌーヴォーと同じ意味。この後運動はベルリンやオーストリアにも波及し、ベルリン分離派やウィーン分離派などが結成され、その運動につながった。

8　ヨゼフ・マリア・オルブリッヒ（Joseph Maria Olbrich, 1867-1908）　一九世紀末から二〇世紀初めに活躍したオーストリアのウィーン分離派の建築家。ウィーン美術アカデミーでオットー・ワーグナーに建築を学び、「建築家は必要にのみ従う」という近代建築の理念を受け継いだ。ダルムシュタットの「芸術家たちの村」の建設に尽くした。セセッション館の設計者。第二章参照。

9　アーバン・ヴィレッジとは、村落（hamlet）よりも大きく（town）よりも小さいものに使われる表現。

第一章

1　アーツ＆クラフツ運動（Arts and Crafts Movement）　イギリスの詩人、思想家、デザイナーとして知られるウィリアム・モリスが主導したデザイン運動。生活と芸術を一致させようとしたモリスの思想は、アール・ヌーヴォー、ウィーン分離派、ユーゲント・シュティールなどヨーロッパの美術運動に影響を与えた。

2　オットー・ワーグナー（Otto Wagner, 1841-1918）　ウィーン美術学校を卒業。オーストリアの建築家、都市計画家として有名。ウィーン分離派の中心人物の一人。「芸術は必要のみに従う」と主張し、機能性、合理性を重視する近代建築の理念を明らかにした。弟子にヨゼフ・ホフマンとオルブリッヒがいる。

3　ジョン・ラスキン（John Ruskin, 1819-1900）の「近代画家と景観論」　ラスキンの「近代画家論」は彼の「風景の思想とモラル」を反映したものとして知られている。また思想の根幹には、「自然をありのまま再現すべきだ」という考え方があった。建築に関するものとしては、『建築の七燈』が知られている。

4　オーウェン・ジョーンズ（Owen Jones, 1809-74）の『装飾の文法』　一八五六年に刊行された「装飾の文法」は、全世界の装飾様式を系統的に収録した画期的なものだった。

5　フランク・ロイド・ライト（Frank Lloyd Wright, 1867-1959）ル・コルビュジエ、ミース・ファン・デル・ローエとともに「近代建築の三代巨匠」の一人と呼ばれる。ウィスコンシン大学を卒業したのち、シカゴの大御所ともいわれたルイス・サリヴァンの事務所に入り、その才能を発揮した。サリヴァン事務所の住宅の設計のほとんどを任されていたという。

6　ヨゼフ・ホフマン（Josef Hoffmann, 1870-1956）　建築家、チェコ生まれ。ウィーン美術アカデミーに進学し、オットー・ワーグナーの下で研鑽しそこでヨゼフ・マリア・オルブリッヒの知己を得る。後にクリムト、オルブリッヒ共にウィーン分離派を立ち上げる。代表作にストックレー邸がある。

7　エドウィン・ラッチェンス（Edwin Lutyens, 1869-1944）　ロンドン生まれの建築家。フィリップ・ウエッブやノーマン・ショウらアーツ&クラフツの建築家から影響を受ける一方、地方の古い住宅を見て回り、ヴァナキュラーな建築から多くを学んだ。

8　レニー・マッキントッシュ（Charles Rennie Mackintosh, 1868-1928）　スコットランド・グラスゴー出身の建築家。アーツ&クラフツ運動の推進者であり、スコットランドにおけるアール・ヌーヴォーの提唱者でもある。二十七歳にして母校であるグラスゴー美術学校の設計競技に優勝（一八九九年）。代表作はヒル・ハウスの設計。

9　ピーター・ベーレンス（Peter Behrens, 1868-1940）　ドイツ・ハンブルグ生まれ。はじめは画家、グラフィック・デザイナーとして活動し、後に建築家に転じヘルマン・ムテジウスのドイツ工作連盟に参加。主たる作品のシュレーダー邸、ＡＥＧタービン工場は初期モダニズム建築の代表的作品となった。一九二二年にはウィーン美術院建築学校長になる。

10　オーギュスト・ペレ（Auguste Perret, 1874-1954）　ベルギー・ブラッセル生まれの建築家。パリのエコール・デ・ボザールで建築を学び、一九〇三年に鉄筋コンクリート造によるパリのフランクリン街のアパートメントの実現に成功した。代表作は、ＲＣ造によるランシーの教会。一時コルビュジエがペレの事務所にいたことがある。

11　ドイツ工作連盟　二〇世紀の初めドイツの産業育成を目指し、一九〇七年にミュンヘンで結成された。イギリスのアーツ&クラフツ運動の影響を受けたヘルマン・ムテジュウスをはじめヴァンデ・デ・ヴェルデ、グロピウス、ブルーノ・タウトらの建築家、デザイナー、実業家等が参加した。

12　ラ・ロトンダ（La Rotonda, 1567）　アンドレア・パラディオが設計したルネッサンス期のヴィラ。一五六五年に司祭パオロ・アルメリコがローマ教皇を引退して生まれ故郷の北イタリアのヴィチェンツァ郊外に移り住むためにつくられたという。四方にファサードがある正方形の完全な対称形の建物である。

13　アドルフ・ロース（Adolf Loos, 1870-1933）　二〇世紀のオーストリア出身の建築家。一九〇八年に「装飾は罪悪である」という過激な言辞によって波紋を呼んだ。代表作は、装飾を一切はぎ取った

「ロースハウス」。過激な発言でウィーン分離派の装飾性を批判した。

14　クロード・ニコラ・ルドゥー（Claude-Nicolas Ledoux, 1736-1806）　フランス革命期の建築家。実現しなかった建築の計画やスケッチを多く残しており、ルイ・ブーレと共に「幻視の建築家」と呼ばれる。

15　エティエンヌ・ルイ・ブーレ（Etienne Louis Boullée, 1728-99）　ニコラ・ルドゥーと共に「幻視の建築家」と呼ばれたフランス革命期の建築家。

第二章

1　アーティスト・イン・レジデンス（Artist in Residence）各種の芸術制作を行う人物を一定期間ある土地に招聘し、その土地に滞在しながら作品制作を行う事業のことを言う。原点は一六六六年にフランスの王立アカデミーがヴィラ・メディチを買い取り、ローマ賞受賞者を留学させたことに遡る。

2　グスタフ・クリムト（Gustav Klimt, 1862-1918）　オーストリア出身の画家。画家であり装飾家としても名声を得ていたクリムトは、一八九七年に保守的な美術家術家組合を嫌った芸術家たちによって結成されたウィーン派の初代会長を務める。一九〇二年の分離派展に大作「ベートーベン・フリーズ」を出品したが不評を買う。現在ではセセッション館に展示されている。

3　セセッション館（Secessions, 1897）　ウィーン分離派会館とも呼ばれる。オーストリア・ウィーンにあるウィーン分離派（セセッション）の展示施設。建築家ヨゼフ・マリア・オルブリッヒの設計。グスタフ・クリムトの大作「ベートーベン・フリーズ」が常設展示されている。

4　ローマ賞　芸術を専攻する学生に対してフランス国家が授与した奨学金付留学制度。一六六三年ルイ一四世によって創設され、一九六八年廃止されるまで継続した。制度が確立した一九世紀にあってローマ賞は各部門若手芸術家の登竜門として機能した。

5　ルイス・サリヴァン（Louis Sullivan, 1856-1924）アメリカ生まれ。シカゴ派の代的な建築家の一人。十六歳でマサチュセッツ工科大学に入学したが、一年後にフランク・ファーネスの事務所に入る。事務所を退所し、念願のエコール・デ・ボザールに入学。再びシカゴに拠点を移し活躍。代表作はオーディトリアム・ビル（一八八九）。

6　エクトール・ギマール（Hector Guimard, 1867-1942）建築家。フランスのアール・ヌーヴォーの代表者。一八八二年パリ装飾美術学校、一八八五年エコール・デ・ボザールで学ぶ。代表作品の一つ、カステル・ベランジエによってギマールの名声は高まった。パリのメトロ（地下鉄）を飾る入り口は有名。

第三章

1　アンドレ・マルロー（André Malraux, 1901-76）フランスの作家、冒険家、政治家。ドゴール政権で長く文化相を務めた。

2　ロバート・ヴェンチューリ（Robert Venturi, 1925-2018）アメリカの建築家。一九九一年にプリツカー賞を受賞。主著『建築の多様性と対立性』『ラスベガスに学ぶ』がある。モダニズム建築を批判し、ポストモダンを提唱した稀有な存在。

3　ヴィンセント・スカリー（Vincent Scully, 1920-2017）アメリカの建築史家。

4　アルド・ヴァン・アイク（Aldo Van Eyck, 1918-99）オランダの建築家。第九回近代建築国際会議

（CIAM1953）においてアリソン&ピーター・スミッソンと共に若い世代を中心に結成したチーム10（Team X）の一員。代表作アムステルダムの「孤児院」。

5　コーリン・ロウ（Colin Rowe, 1920-99）イギリスの建築史家。主たる著書『コラージュ・シティ（Collage City）』『マニエリスムと近代建築』他。一九二〇年代のコルビュジエの作品が歴史上の実例パラディオのヴィラから強い影響を受けていることを見抜き論じた最初の人物。

6　パリ五月革命　一九六八年フランス・パリの学生が中心となって起こした左翼運動。建築史のうえではエコール・デ・ボザールの解体へ向かう動きとなる。

7　ブルーノ・ゼビ（Bruno Zevi, 1918-2000）イタリアの建築家、都市プランナー。建築評論家としても知られる。

8　ドナト・ブラマンテ（Donato Bramante, 1444-1514）イタリアの盛期ルネッサンスを代表する建築家。

9　ルイス・カーン（Louis Kahn, 1901-74）エストニア系アメリカ人建築家であり都市計画家。エール大学ペンシルバニア大学で教鞭をとる。ペン大のリチャーズ医学研究棟で建築界の注目を集め、事実上晩年のデビューを果たした。その他、ソーク研究所、エール大学アートギャラリーがある。

10　ゲシュタルト心理学（Gestalt Psychology）人間の認知を部分やその集合ではなく、全体性の構造に重点を置いて捉える。全体性の考察に力学の概念を取り入れたこと等、現代の心理学に与えた影響は大きい。

11　ノリのバロック・ローマの都市図（一七四八）ジョバンニ・ノリ（Jiovanni Nolli）は、一八世紀のイタリアの建築家・サーベイヤー。図像学的な地図の作成者として有名。

12　オザンファン（Amédée Ozenfant, 1886-1966）フランスの画家・美術理論家。一九一八年ル・コルビュジエとの共著「キュビズム以後」でピュリズムを提唱し、その代表的存在となる。

13　パレ・ロワイヤル（Palais-Royal）ルイ一三世の宰相リシュリューの城館であった。フランス革命前に王位を狙っていたオルレアン公フィリップは金融業者からの借金を返済するためにパレ・ロワイヤルの庭園を「コ」の字型に囲むかたちでオテルを建て、不動産経営を行っていた。

14　ジャン＝ルイ・コーエン（Jean-Louis Cohen, 1949-）フランス・パリ生まれの建築家・建築史家。一九九四年からNew York University Institute of Fine Artで教鞭をとる。

15　ミース・ファン・デル・ローエ（Ludwig Mies van der Rohe, 1886-1969）二〇世紀のモダニズム建築を代表するドイツ出身の建築家。コルビュジエ、フランク・ロイド・ライトと共に近代建築の三大巨匠といわれる。彼の語った「Less is More」は、「より少ないことは、より豊かなこと」というモダニズム建築のコンセプトの一面を表したものとして有名。

16　古典建築の五つの「オーダー」　古典主義建築の基本単位となる円柱と梁の構成法で、独立円柱（基礎、柱身、柱頭）と水平梁（エンタブラチャ）からなる。トスカナ式、ドリス式、イオニア式、コリント式、コンポジット式の五種類。

17　トニー・ガルニエ（Tony Garnier, 1869-1948）フランスの都市計画家・建築家。建築を学ぶためリヨンの美術学校に入るが後にエコール・デ・ボザールに入学を果たし、三十歳のとき念願のローマ賞を獲得し、ローマで五年間過ごす。そのとき後に発表する近代建築と「工業都市」の構想を練る。最初にその構想案を高く評価したのはコルビュジエであり、エスプリヌーヴォー誌に発表された。

18　ヘンドリスク・ペトルス・ベルラーエ（Hendrik Petrus Berlage, 1856-1934）オランダを代表する建築家・都市計画画家であり、同国の近代建築の父といわれた。また都市計画家として関わり、一九二〇年から一五年かけて建設されたアムステレダム南部計画市域拡張部分によってアムステルダム派の名声を確かなものした。建築作品としてはアムステルダム証券取引所が有名。

19　ドミノ・システム（ドム・イノ方式）　ル・コルビュジエの名づけた「ドミノ（ドム・イノ）」という言葉は、ラテン語で家を意味する単語「domus」の語源「dom」と、フランス語の「革新」の（innovation）の語源「ino」からつくられたもの（ジャン・ジャンジェ著『ル・コルビュジエ　おわりなき挑戦の日々』より）。

20　ソラリューム（Solarium）元来ギリシャやローマの上階につくられた開放的な日光浴室に由来する。

第四章

1　ビオレ・ル・デュク（Viollet-le-Duc, 1814-79）フランスの建築家・建築理論家。中世建築の修復およびゴシック建築の構造・合理主義的解釈で知られる。パリ・ノートルダム教会の修復したことで有名。

2　シャルロット・ペリアン（Charlotte Perriand, 1903-99）フランスの建築家、デザイナー。パリ生まれ。両親とも服飾に関わる仕事の家に育つ。パリの装飾美術学校を卒業後、自分のアトリエをもち、一九二七年にサロン・ドートンヌ展に出品した作品「屋根裏のバー」が話題を呼び、それが切っ掛けとなりル・コルビュジエの事務所に入る。独立後もコルビュジエとの親交が続き、マルセイユのユニテ・ダビタシオンのオプーン・キッチンの試作等に関わる。

3　ジャン・プルーヴェ（Jean Prouvé, 1901-84）フランスの建築家、デザイナー。一九二七年ロヴェール・マレ＝ステヴァンスからレーファンベール邸の入り口格子のデザインと制作依頼を契機に、ル・コルビュジエのサークルに関係を持つようになり、後にマレ＝ステヴァンス、コルビュジエと共に現代芸術家連盟の創立メンバーとなる。

4　ＣＩＡＭ（Congres International d'Architecture Moderne）一九二七年に行われた国際連盟本部設計競技のコルビュジエの案をめぐって、旧来のボザール派の建築家とモダニズム派の建築家と対立が表面化し、それを切っ掛けとして、コルビュジエ、グロピウス、ミース・ファン・デル・ローエ、ギーデオン等の主導による近代建築国際会議が生まれた。モダニズム建築の展開のうえで大きな役割を果たした国際会議である。

5　ピエール・シャロー（Pierre Chareau, 1883-1950）フランスの家具デザイナー、インテリア・デザイナー。医師ダルザスの邸宅兼診療所（メゾン・デ・ヴェーレ）、通称「ガラスの家」で知られる建築の設計をしたことで知られる。

第五章

1　空想的社会主義者（Utopian Socialism）近代初期の空想的社会主義とは、カール・マルクスやフリードリッヒ・エンゲルスが、自らの主張する社会主義を「科学的に構築される社会主義」に対比するものとして「空想的社会主義」と呼んだものである。主たる人物は、シャルル・フーリエ、サン＝シモン、ロバート・オウエンに代表される。

2　メゾン・ア・ロアイエ（maison à loyer）フランス・パリの賃貸集合住居。

3　ジョルジュ・オースマン（Gerorges-Eugene Haussmaann, 1809-1891）フランス・セーヌ県知事の地位にあり、その在任中に皇帝ナポレオン三世とともにパリ市街の大改造計画を推進した。現在のパリ市街の原型ともなっている。

4　ジョージアン・テラスハウス（Georgian Terrace House）英国の国王ジョージ一世から四世（一七一

四―一八三〇）の統治時代につくられた建築スタイルを基本とするタウンハウス。

5　ゼロ・ロット・ライン方式（Zero-Lot-line House）宅地に住宅を建てるとき、建物を敷地境界線や隣地境界線から後退することなく、それを建物位置指定ラインとして建てる方式のこと。それは建物の沿道性と前面空地の確保に有効であり、また境界共有壁（party-wall）の導入を可能とする。限られた敷地のなかで的確な空地を残し全体として適正な居住密度を保つことを可能とする。

6　アトリウム（Atrium）ギリシャ神話で宮殿の水盤のある中庭をアトリウムと呼んでおり、そこからラテン語で古代ローマ時代の住居の中庭を意味するようになった。

7　パサージュ（Passage）語源はパリのパレ・ロワイヤルに遡るといわれる。一七八四年、オルレアン公ルイ・フィリップ二世が、自らの居城であるパレ・ロワイヤルの庭園に回廊をめぐらせ商店と住居を建てて分譲したことに始まる。パサージュはフランス語で「通過」や「小径」などをあらわす。

8　ポルチコとロジア（porcico/loggia）建物の正面あるいは側面にある柱廊あるいは回廊。イタリアで生まれた建築意匠の一つ。ポルチコとロジアの違いは、前者は外から中に入ることが可能で、後者は基本的に内側からしかアクセスすることができない。

9　ジーニアス・ローサイ（genius loci）ローマ神話における「土地の守護神」。地霊の意味。

あとがき

一九世紀末から二〇世紀へ向かう転換期に生まれたモダニズム建築の再考をどのようなかたちで捉えるか、そのプログラムがほぼ決まって初稿を書き終えた頃、近・現代建築に関わる次のような大変興味あるアンケートとその調査結果を知ることがあった。

アメリカのカルフォルニア大学の建築学部の一人のプロフェッサーが、現役の世界で活躍する著名な建築家にアンケートを試みた。問いかけは、「建築を学ぶ学生が是非見ておくべき建築を挙げるとすれば何であるか」というものであった。アンケート調査に応えた建築家の数は二十七名であり、彼らが挙げた建築の数は延べ百五十以上という多岐にわたるものであった。そのうち二十四人の建築家が推奨した同一作品はミース・ファン・デル・ローエのバルセロナ・パヴィパヴィリオンであり、次いで同点二位が四件あり、最終結果は次のとおりとなった。

一位はバルセロナ・パビリオン（一九二九、ミース・ファン・デル・ローエ）の二十四票、二位にはいずれも同点の二十三票の四作品がならんだ。

ヴィラ・サヴォワ（一九三一、ル・コルビュジエ）
ロンシャンの教会（一九五五、ル・コルビュジエ）
代官山ヒルサイドテラス（一九六九〜九二、槇文彦）
ラ・トゥーレット（一九六〇、ル・コルビュジエ）

因みに六位を付け加えておくと、それは再びミースのファンズワース・ハウス（一九五一）であった。以下に近現代の建築の百五十位の六票まで続く。

共に近代建築の巨匠といわれたル・コルビュジエの作品が三点と、ミース・ファン・デル・ローエの作品が二点であるなか、日本の正統なるレイト・モダニスト・槇文彦の作品、代官山ヒルサイドテラスが二位に入っていることは特に注目すべき事実である。何故なら他四点は然るべき場所に端然と建つ単体建築であるのに対して、槇のヒルサイドテラスは街路に沿って建つ一続きの「アーバン・ヴィラ」を構成する明解な都市建築であるからだ。

この結果は、注意深く読むまでもなく、決して単なる人気投票のようなものではない。少なくとも「建築家の遺したレガシー」として教育的効果の高いものが選ばれているものと思う。何故なら、時代を超えてル・コルビュジエとミースそして槇文彦の作品を「建築家を目指す若い学生の必見の建築作品」、とする建築家たちの心の奥深くにあるものを考えたとき、もはや若者にとって古典ともみなしうるモダニズム建築を新たな眼差しをもって再発見することの価値をしっかりと伝えておきたい根底にある思いを推察できるからだ。この点において、筆者のモダニズム建築の再考の視座と一致する。この投票は筆者にとってモダニズム建築が遺した「証跡の風景」を明らかにするうえで、一つの判断材料になった。

近世以降のヨーロッパを中心に展開された近代モダニズム建築は、それ以前に長く続いた古代ギリシャ・ローマに起源をもち、後にルネッサンス建築として復興された様式に対して、その伝統という桎梏から解き放たれ、近代社会に相応しい様式を求めて生まれたものであることはすでに触れた。その近代モダニズムのそれぞれの時代に五人の建築家が残した建築を一つのレガシーと見做すとき、建築が依拠する地域社会、都市との関係性を含む「時の刻まれた風景」を、本書においては「遺された証跡の風景」と呼ぶことにした。あくまでも建築家の意思によってつくられた建築が一つの媒体となって生み出された風景全体をこの言葉によって指し、それがどのような年月を経て、どのような記憶を残したかを辿り、明らかにしたいと考えた。

五人の建築家の選択は決して恣意的なものではない。本書では一九世紀末から二〇世紀初頭、そして後期モダニズムへとつながる時間軸が明確に設定されている。ジャンヌレとオルブリッヒの二人がプレ・モダンの初動期に、コルビュジエとマレ＝ステヴァンスが躍動期に位置付けられ、そして槇文彦が後期モダニズムの安定期に位置する。エドゥアール・ジャンヌレとル・コルビュジエは同一人物であることは本文にすでに述べたが、あえて二人の人物であるかのように扱うことによって、モダニズムの不連続的連続性が読み取れるだろう。そして同時に、モダニズム建築が百年というタイムスパンのなかで、個々の作品が関わりながら、事象全体を一つの風景として遺していったことが見えてくる。それが「証跡の風景」という名のレガシーである。モダニズム建築は、決して純粋な理論に基づく機能主義、合理主義の価値観によってのみ理解されるものばかりではない。

末尾になったが、この本を出版するにあたって、旧知の師そして友人から頂いた支援に対して、また編集作業に当たられた左右社の東辻浩太郎氏の暖かい助言に深く感謝の意を表する次第である。

令和元年五月一日

小沢　明

参考文献ならびに図版・写真の出典文献一覧

第１章　*Le Corbusier: Early Works by Charles-Edouard Jeanneret-Gris*, Architectural Monographs 12, Geoffrey Howard Baker, Le Corbusier, Jacques Gubler, Academy Editions, 1987

Le Corbusier 1905-1933, Oppositions 15/16, Ed., Kenneth Franpton, MIT Press, 1980

ル・コルビュジエ全作品集 Vol.1 1910-1929、ウィリ・ボジガー、オスカル・ストノロフ、マックス・ビル編（吉阪隆正訳）、A.D.A.EDITA Tokyo, 1977-79

第２章　*Joseph Maria Olbrich: Architecture — Complete Reprint of the Original Plates 1901-1914*, Ed., Peter Haiko, Rizzoli, 1988

Joseph Maria Olbrich, Ian Latham, Academy Editions, 1980

Otto Wagner 1841-1918, Heinz Geretsegger, Max Peintner, et al., Academy Editions, 1979

Adolf Loos Theory and Works, Benedetto Gravagnuolo, Rizzoli, 1982

Spoken into the Void: Collected Essays 1897-1900, Adolf Loos, The Institute for Architecture and Urban Studies and The MIT Press, 1987

Josef Hoffmann: The Architectural Work, Monograph and Catalogue of Works, Eduard F. Sekler, Princeton University Press, 1985

第３章　*The Other Tradition of Modern Architecture: the Uncompleted Project*, Sir Colin St John Wilson, Academy Editions, 1995

The place of houses Charles Willard Moore; Gerald Allen and Donlyn Lyndon, Holt, Rinehart and Winston, 1974

Collage City, Colin Rowe and Fred Koetter, the MIT Press, 1984

Le Corbusier Redrawn: The Houses, Steven Park, Princeton Architectural Press, 2012

Who Was Le Corbusier?, Le Corbusier and Maurice Besset, Skira and World

Publishing, 1968

第４章　*Living in the City*, Lotus international 41, Electa Milano, 1984
Rob Mallet-stevens: architecture, mobilier, decoration, Jean-François Pinchon, Action Artistique De Paris and Philippe Sers/Vilo, 1986
Rob Mallet-Stevens Architecte, Archives d'Architecture Moderne, 1980
Henri Sauvage; 1873-1932, Archives d'Architecture Moderne, 1976

第５章　『ヒルサイドテラス物語　朝倉家と代官山のまちづくり』前田礼，現代企画室 , 2003 年
『ヒルサイドテラス白書』槇文彦＋アトリエ・ヒルサイド，住まいの図書館出版局 , 1995 年
『ヒルサイドテラス／ウエストの世界　都市・建築・空間とその生活』槇文彦編著 , 鹿島出版会 , 2006 年
『ルドゥーからル・コルビュジエまで　自律的建築の起源と展開』エミール・カウフマン（白井秀和訳）, 中央公論美術出版 , 1992 年
「断章　住まいで都市を造りえるか」小沢明 , 家とまちなみ No.71, 住宅生産振興財団 , 2015 年 3 月
『「ポシェ」から「余白」へ　都市居住とアーバニズムの諸相を追って』小沢明 , 鹿島出版会 , 2011 年
『都市の住まいの二都物語』小沢明 , 王国社 , 2007 年

p.205, 210, 211, 220, 224-5, 234, 237, 239（最上段）, 242, 243 の図版と写真は槇総合計画事務所提供。槇文彦（p.220, 237, 242）、北嶋俊治（p.205）、門馬金昭（p.234, 243）、大沼徹（p.239）撮影。
p.186（p.200 再掲）は新建築写真部撮影・提供。

上記以外の写真には著者撮影のものが含まれる。

小沢　明　おざわ・あきら

建築家、東北芸術工科大学名誉教授。

一九三六年満州国大連生まれ。早稲田大学建築学科卒業、ハーバード大学大学院建築修士修了（一九六五）。米国セルト・ジャクソン建築設計事務所、槇総合計画事務所を経て、小沢明建築研究室を設立。工学院大学特別専任教授、ワシントン大学、キャンサス大学客員教授歴任。東北芸術工科大学教授、第三代学長を務める。

主な作品に、「第一回横浜国際アーバン・デザイン設計競技」最優秀賞、「日仏建築設計競技・ＰＡＮ13バンリューを創る」優秀賞、「鶴岡アート・フォーラム」（ＢＣＳ賞、公共建築賞、東北建築賞）、「金山町立明安小学校」（文部科学大臣奨励賞、東北建築賞、公共の色彩賞）のほか、「セント・メリーズロッジ」（日本建築家協会二十五年賞）受賞。

著書に『都市の住まいの二都物語』（王国社）、『「ポシエ」から「余白」へ　都市居住とアーバニズムの諸相を追って』（鹿島出版会）、『デザインの知』（共著、角川学芸出版社）、訳書にヴォルフ・フォン・エッカルト『どこに住むべきか』（共訳、彰国社）、ホイットニー・ノース・セイモアー『スモール・アーバンスペース』（彰国社）、ハワード・サールマン『パリ大改造　オースマンの業績』（井上書院）がある。

住まいが都市をつくる

モダニズム建築のアナザー・ストーリー

二〇一九年九月三〇日　初版第一刷発行

著者　小沢 明

発行者　小柳 学

発行所　株式会社 左右社
〒一五〇-〇〇〇二
東京都渋谷区渋谷二-七-六
金王アジアマンション
TEL 〇三-三四八六-六五八三
FAX 〇三-三四八六-六五八四

装丁　細野綾子

表紙　ル・コルビュジエ「サヴォワ邸」（著者撮影）

印刷所　創栄図書印刷株式会社

 ISBN 978-4-86528-250-4　Printed in Japan
http://www.sayusha.com

漂うモダニズム

槇文彦　本体6500円

「半世紀前に私がもっていたモダニズムと現在のそれは何が異なっているだろうか。ひと言でいうならば五十年前のモダニズムは、誰もが乗っている大きな船であったといえる。そして現在のモダニズムは最早船ではない。大海原なのだ。」

論考「漂うモダニズム」ほか、『記憶の形象』以来およそ二十五年にわたり発表された論文、エッセイ、回想を収録。書評掲載多数。

「20世紀から21世紀にかけて、その時代精神（モダニズム）と生き、創り、透徹した理智と鋭敏な感性の旅を続けた眼の人の半生の遍歴。」富永讓

応答漂うモダニズム

槇文彦・真壁智治編著　本体2900円

設計の自由がますます失われる建築家、そして建築に未来はあるのか。伊東豊雄、塚本由晴、藤村龍至ら幅広い世代からの応答と、槇文彦からのさらなる回答を収録。建築の希望を探る注目の一冊。